友愛ブックレット

東アジア共同体と沖縄の未来

東アジア共同体研究所 編
鳩山友紀夫／進藤榮一／稲嶺 進／孫崎 享／高野 孟

花伝社

「友愛ブックレット」発刊にあたって

東アジア共同体研究所理事長　鳩山友紀夫

歴史は、人類発展のキーワードは「戦争」ではなく「協調」であることを私たちに示している。その最大の教訓に忠実であるのかどうか疑問を持たざるを得ない日本の現状を、首相経験者として深く憂慮している。

私は二六年間の議員生活を引退したことを契機に、二〇一三年三月に東アジア共同体研究所（EACI）を設立し、首相在任中に提唱しながら果たすことが出来なかった「東アジア共同体」の実現と、それを通じての「友愛の精神」に基づく世界平和の達成に残りの人生を捧げることを決意した。

私は「友愛」こそ、これからの世界をリードする理念と信じている。「友愛」とは自分自身の尊厳と自由を尊重すると同時に、相手の尊厳と自由をも尊重する考え方であり、それは人と人の間だけでなく、国と国、地域と地域、さらに人と自然との間でも成り立つ考え方である。

この考えは、クーデンホフ・カレルギー伯が「友愛の理念」の下で汎ヨーロッパを唱え、その後EUとして結実したことを範としている。カレルギーの時代は、ヒトラーのドイツとスターリンのソ連という二つの全体主義がヨーロッパを席巻していた。彼は、人間の価値を重んじる「友愛の理念」をもって、全体主義に立ち向かった。

私は今日こそ「東アジア共同体」の構築が時代の要請であると信じている。私たちが汎アジアを唱え、「東アジア共同体」の形成を可能にするとき、同様にアジアは「不戦共同体」となるであろう。そのことが世界平和への大きな貢献となることは間違いない。

研究所の設立以降、週に一度のペースで各界の有識者をお招きし、収録した対話をインターネットで放映している（UIチャンネル）。示唆に富む様々な議論をそのままにしておくのは勿体ないという思いから、テーマ毎にブックレットという形でまとめることにした。放送時の内容をベースにしているが、登場された方々の協力を得て適宜編集を加えている。インターネット放送と書籍と両方でお楽しみ頂ければ幸いである。

また、東アジア共同体研究所が主催したシンポジウムや講演会などの記録も随時ブックレットにまとめたいと思っている。

もちろんこうした各人の意見は、当研究所の見解をそのまま代弁するものではない。自由な討議の場はそのまま、東アジアの活力と創造性の源泉となる多様性ということの反映にもなろう。「友愛ブックレット」が、自由な論議と「友愛の精神」を日本とアジア、世界の人々に発信していく場となり、ひいては「東アジア共同体」への大きな推進力となることを願っている。

二〇一四年九月

東アジア共同体と沖縄の未来◆目次

シンポジウムの概要

東アジア共同体研究所は、友愛の理念に基づく世界平和実現のために調査研究プロジェクトと政策提言を行っているが、特に沖縄問題について、高野孟理事を中心に調査を進め、数度にわたる現地での有識者との懇談や、地元メディア関係者との意見交換を進めてきた。

その中で、鳩山友紀夫理事長の当初からの強い希望もあり、二〇一四年四月、那覇市に「東アジア共同体研究所『琉球・沖縄センター』」を開設し、地元の各界各層から選ばれた運営委員による企画会議を開き、沖縄県民の目線と寄り添う姿勢を大切にしながら、積極的な活動の拠点となることを望んでいる。

本書は、二〇一四年五月三一日に那覇市内で開催された開設記念シンポジウム、「東アジア共同体と沖縄の未来をどう拓くか」での登壇者の講演をまとめたものである。

第1章　沖縄を平和の要石《かなめいし》に

鳩山友紀夫

二〇一三年の三月、東アジア共同体研究所を東京で設立いたしました。そして同年の一一月に沖縄国際大学でお話をした時に、「東アジア共同体を考えるときには、なんとしても拠点は沖縄なのだから、沖縄に事務所を開きたい」と申し上げました。

それから数ヵ月経ち、この四月にようやく、といっても小さな事務所の一室だけでございますけれども、琉球・沖縄センターとして開設をすることができました。事務所は小さくても思いは大きいと。大きな、大きな志を持って臨んでまいりたいと思っています。

皆様方に、今日は私ども東アジア共同体研究所のメンバーからお話をさせていただきますが、併せて、名護市長の稲嶺さんにもお越しいただきました。辺野古移設はNOだという思いを込めて、先頃五月に訪米されましたが、そのご帰国のご報告もいただけると、大変楽しみに致しております。

東アジア共同体研究所「琉球・沖縄センター」開設の目的

私からまず、なぜ「琉球・沖縄センター」を開設したのか、簡単に申し上げます。かつて、この沖縄は、沖縄戦と呼ばれる大きな戦いの中で本土防衛の捨て石となりました。その戦いに敗れた後、まさに戦後日本は経済成長をし、独立をさらに勝ち取っていった訳でありますけれども、それから返還までの二〇年間、沖縄は置いてきぼりにされてしまいました。米軍支配の中で当時ベトナム戦争もあったものですから、アメリカの飛行機はここから飛んで行って戦いました。沖縄はまさに日米の同盟の中で、軍事力の要石《かなめいし》となっていったのです。

それならば未来をどう、結びつけていくべきなのでしょうか。私たちは過去そして現在という厳しい状況を乗り越えて、未来を明るく導いていきたいと願う、沖縄の皆さんの心を大事にしたいと思います。

私は沖縄を、東アジアの拠点として、皆さん方がリードする平和の要石にしたい、そう思っています。捨て石や軍事の要石ではなく、平和の要石にしたい。それが、沖縄県民の総意ですよね、皆さん（拍手）。

ここでかつて戦争があり、二〇万の方々がなくなり、当時人口四〇万人の沖縄県民の四人に一人が命を奪われたと伺っています。皆様方や皆様方のご両親は大変辛いことを経験されて来られました。辛い戦争の中で、集団自決（強制集団死）もあり、日本軍によって皆さん方の仲間が殺されるということも多々起きてしまっています。本当に捨て石にされてしまった、その苦しみを、私たちは日本人の一人として決して忘れてはなりません。その後、沖縄は軍事的な要石として、現在も存在しています。

しかし皆さん方は、もっと古い確かな過去をお持ちです。一四二九年から一八七九年までの四五〇年間、ご当地は琉球王国として栄えました。その当時は、東シナ海の中継貿易の拠点として琉球は栄えてまいりました。言葉・あるいは文字は日本に近い。しかし政治行政の律令制度は中国から学ぶなど、東アジアの中間の国として様々な文化を共有していた国でありました。遠くはタイ、ベトナムとも、大きな交流があったと伺っています。その琉球王国として栄えた過去から、私たちは沖縄の未来を学びとり、そして発展させていきたい。そう思っています。

地理的にも歴史的にも文化的にも政治行政的にも、これから東アジア共同体を構想するときに、そのど真ん中に位置する沖縄は、明るい希望のある有利な地域だと考えています。だからこそ、この地域に小さいながらも「東アジア共同体研究所『琉球・沖縄センター』」を構えて、皆さんと一緒に、夢を現実のものにしてまいりたいと思っています。どうぞよろしくお願いいたします。

総理として、できなかったこと

未来を変えるには、現在を変えなければなりません。軍事的な要石という状況を何としても変えていかなければならない。その思いを持ちながら沖縄県民の皆様方と何度もお話しさせていただく中で、総理として普天間の移設問題を解決していきたい、そう願いました。

そこで、普天間の移設先は辺野古ではなく、「できれば国外、最低でも県外にしたい」と申し上げました。それは当時の「民主党の沖縄ビジョン」に沿った考え方でもございました。「最低でも県外」への努力はそれなりにしたつもりでしたが、自分の未熟さゆえに、何とかこれ以上沖縄に米軍の基地を作らないで欲しいという、沖縄県民の皆様方の総意を果たすことができませんでした。

沖縄の皆様方の怒りはもっともであったと思っています。あらためてそのことを、自分自身の未熟さをお詫び申し上げるとともに、それだからこそ、これから、総理も辞め議員活動も辞めた一人の日本人として、そして皆様方と同じ思いを共有させていただいた一人の日本人として、これからは沖縄の県民の皆様方のお気持ちにできる限り寄り添いながら、自分の行動を高めていきたいと思っております。

現状の東アジア情勢をどうみるか

ただ残念ながら、私が辞めた後も状況が良くなるどころではありませんでした。いやむしろ厳しくなる一方です。昨日も、安倍総理は第一三回アジア安全保障会議（シャングリラ・ダイアローグ）において、中国脅威論を声高らかにお話をされたと伺っています。

昨今の日中関係の厳しさの中、私も昨年中国には八回、今年に入って二回訪問をしておりますが、中国の指導者のみなさんも、本心として日本ともっと良好な関係を作りたいとおっしゃってくれました。それが事実だと思います。しかし、現安倍政権は、昨今は靖国参拝・尖閣諸島の問題があるから、日中関係は厳しくなる。だから日米関係をさらに強化しなければならない、だから集団的自衛権の行使だ。だから日米同盟の中で沖縄に米軍の基地がまだまだ必要なのだという論理の中で、踊っているように思えてなりません。

集団的自衛権の行使に対する懸念は、多分これからの講演者の中からお話があろうとかと思いますから、私から詳しい事は申し上げません。しかし尖閣諸島・靖国、そして集団的自衛権、まだまだ特定秘密保護法などの問題があります。こういった安倍総理の昨今の方向性が、中国は危ないから戦う準備を怠るなと、日本の方から中国に喧嘩を仕掛けているように思えてなりません。中国としても、日本がこのように厳しい対応をするならこちらも、という思いで、お互いに売られた喧嘩は買おうではないか、という一触即発的な状況になりつつある事は大変心配です。私は武力の行使で真の平和を、すなわち問題の根本的な解決をすることは決してできない、そう確信しております。

東アジアに「友愛」の精神を！

武力の行使ではなく、問題の解決には、一人一人の心をしっかりと治さなければなりません。心の問題を解決させていかなければならないのです。そのためには私は、クーデンホフ・カレルギー伯から鳩山一郎、そしてその鳩山一郎から受け継いだ友愛の精神こそ、今こそ全世界で、武力ではなく対話によって問題を解決しようとする道を切り開くために、最も貴重な正しい理念だと確信をしております。

「友愛」とは自分自身の人格の尊厳、そして自由を尊重するのと同時に、相手の人格の尊厳や自由も尊重する、そういう精神のことです。それは国と国でも、人と自然との間でも成り立つ考え方だと理解しています。俺が正しいのだ、と常に自分の主張ばかりに固執するのではなく、相手の言う言葉にも耳を傾けて、お互いに理解して、尊敬しながら信頼の中でお互いに助け合う空気を作り出すことだと理解しています。

実は二〜三週間前に中国に参りまして、その友愛の精神の必要性を、習近平国家主席の前でもお話ししてまいりました。習近平国家主席も、武力行使ではなく民間の協力関係を高め、相互信頼、相互支持、相互支援をすることが平和につながるとおっしゃっていました。それはまさに友愛の理念でした。むしろ、友愛精神が必ずしも十分熟成されていない状態は、中国ではなく日本の政治の中、日本の指導層の中にあると思わざるを得ません。

友愛の理念をアジアに敷衍《ふえん》させれば、東アジアの共同体という考え方に行き着きます。東アジアの国々にはいろいろな共通点がある。いろいろな相違点がある。それを互いに披瀝《ひれき》し合いながら信頼しあって、違いというものをお互いに認めあい、お互いに協力して助け合うことが大事です。そういう世の中を作っていきたい。

政治的な問題だけではなく、また、貿易などの経済的な問題だけではなく、教育・文化とか医療・福祉とか環境、こういった問題に東アジアでの共同体的な発想を高めていきたい。そしてその考え方を、一番、歴史的に、体の中に持っておられるのは、私は琉球・沖縄の皆さんだと信じています。

だからこそ、この沖縄、皆さん方の故郷に琉球・沖縄センターを作り、東アジア共同体の構想を一歩でも二歩でも前進させていきたいと考えています。そのことが世界の平和にとって、最も貴重な行動であると信じているからでございます。私は、沖縄の皆さん方は、今日まで耐えに耐えてこられた軍事的な要石の立場から、平和を創造する、真の意味での平和を創造する、即ち、武力による平和ではなく、対話による、あるいは様々な協力による平和の創造に向けて、その要石となっていただきたい。その目的を果たすために琉球・沖縄センターを作り、今日は、お披露目の会となりました。

今日はこれから、様々な角度から、東アジア共同体構想における沖縄の必要性や役割を、進藤榮一先生、孫崎享先生、高野孟先生、そして稲嶺進名護市長さんからもお話しいただきます。この集まりから、沖縄発で日本、いや世界の平和に向けての運動が広がっていくと、皆様が確信を持っていただくことを心から祈念し、私からの冒頭のあいさつと致します。

第2章　東アジア共同体の中で琉球沖縄を考える

進藤榮一

一、地軸は東方へ

「アジア力の世紀」の中で

いったい今、私たちはどこにいるのか。その答えはこうです。すなわち私たちは、「アジア力の世紀」のとば口にいる。これが、私たちの立ち位置に対する最も大切で基本的な現状認識です。

二一世紀には中国やインド等の個々の国が発展し、世界を引っ張っていくのではない。アジア諸国が相互連関し合って一体となり、いわば「アジア力」を形成しながら世界全体を牽引していくことになるでしょう。そうした意味を込めて私は二一世紀を「アジア力の世紀」と呼んでいます。これは、経済や文化の中心が、米国やヨーロッパ中心の大西洋から、アジア太平洋へ、西から東へと転移し続けていることを意味します。

例えば今日、世界の生産物、モノの総量の三分の二はアジアで作られ、貿易、つまりモノの取引の七割は、アジア諸国を通じて行われています。市場についても、アジアが舞台の中心となっているのは同じです。アジアの国々が豊かになり、中間層がつくられ、旺盛な消費力を持つ人口が増大し続けている。だから、今や中国などのアジア諸国は、かつての安価で大量の労働力による「世界の工場」から、分厚い中間層による「世界の市場」へと変貌しているのです。

かつてはアメリカや欧州諸国が、世界の生産と貿易と市場の中心でした。しかし今その中心がアジアへと移動し続けているのです。その移動は、世界物流動向の変化を見るとよくわかります。物流の担い手は今日、巨大コンテナ船ですが、そのコンテナ船に積まれて運ばれる物流の三分の二は、アジアの港湾を中心に運送され荷揚げされ、消費地へと運ばれています。しかもアジアの港湾で荷揚げされる物量の半分、世界総量の約四〇％は、アジア域内間同士の交易が占めます。その域内交易に加えて、対北米間、対ＥＵ間の交易を加えますと、アジアの港湾を介した総取引は、世界総物流量の四分の三、七〇％以上に達します。

物流の中心は、欧米世界からアジア世界へと転移しているのです。

その転移は、世界の港湾別コンテナ取扱量ランキングによく表れています。二〇一二年データで首位の上海をはじめ、上位一二主要港湾の内一〇港湾、ドバイも入れると一一港湾が広域アジアに属しています。ヨーロッパの港は、ただ一つ、ロッテルダムが一〇位に入っているだけです。

もはやヨーロッパの時代でもアメリカの時代でもありません。今から三四年前、一九八〇年の港湾ランキングによれば、上位一二港湾中、アジアの港はわずか四港しかありませんでした。まさに今昔の感です。

一方で日本は、二〇一二年ランキングで神戸が世界四九位、日本トップの東京でさえ世界二四位です。アジアの興隆とは反対に、衰退する日本の現在を象徴しています。それと同時に、欧米諸国の相対的没落も起こっているのです。

今や、かつて世界を取り仕切っていた米ソ二極体制ではありません。冷戦下、米欧日の三極体制の時代でもない。冷戦終結後のＧ７やＧ８の時代でもない。もちろんアメリカ単極支配でもない。単なる米中二大国間関係の時代でもない。現在はつまり、中国だけでなく、インドネシアなどのＡＳＥＡ

N（東南アジア諸国連合）や、インド、ブラジル、ロシア、南アフリカなど、新興諸国が台頭し続ける時代です。これらの新興国はＢＲＩＣＳ[1]とも、ＶＩＳＴＡ[2]とも、あるいはＧ20[3]とも言われます。

しかしその時代の変化の根っこにある最も根本的な変化は、地軸が西から東へと転移していることです。全ては、この現実を見据えることから始めなくてはなりません。

変わる沖縄琉球の位置

確かに、ヨーロッパを中心に世界地図を見ますと、アジアは東方にあって、日本や韓国、台湾は、東アジアのさらに東端にある。つまり、遥かなる東の一番端、「極東《ファーイースト》」なのです。もちろん沖縄は、その極東の小さな諸島の一つです。まぎれもなく辺境に位置します。

それが、一九世紀パクス・ブリタニカ（大英帝国の力による平和）の世界秩序下における琉球沖縄像です。極東の小さな島としての沖縄像です。

同じことは、二〇世紀についても言えます。二〇世紀中葉から冷戦終結までにかけて、世界の中心はロンドン・パリから、ワシントン・ニューヨークに移動しました。アメリカ帝国の世紀の登場です。その米国から見ますと、アジアはやはり辺境に位置します。しかも、ソ連や中国などの共産主義国と

1　ブラジル、ロシア、インド、中国、南アフリカの頭文字を並べたもの。
2　ベトナム、インドネシア、南アフリカ、トルコ、アルゼンチン。
3　Ｇ８（アメリカ、イギリス、フランス、ドイツ、日本、イタリア、カナダ、ロシア、ＥＵ）に新興国一一カ国（中国、インド、ブラジル、メキシコ、南アフリカ、オーストラリア、韓国、インドネシア、サウジアラビア、トルコ、アルゼンチン）を加えたもの。

いう「不倶戴天《ふぐたいてん》の敵」と戦う最前線にある地域です。その最前線中の最先端拠点が、沖縄ということです。

ここから、先ほど鳩山元首相が言われた、沖縄は「軍事の要石」だという発想が生まれます。西側の自由主義世界と資本主義体制を守るための軍事防衛拠点としての沖縄という位置付けです。それが、現在に至るまでの米国の政治家や戦略家たちの基本的な琉球沖縄像です。それを、二〇世紀パクス・アメリカーナ（アメリカの力による平和）下における琉球沖縄像と言い換えてもよいでしょう。

二、天皇メッセージの中の沖縄

天皇メッセージとは何であるのか

その琉球沖縄像の先駆けが、いわゆる天皇メッセージです。御来場の方々の多くがご存じかと思いますが、一九四七年九月一九日、天皇の御用掛であった寺崎英成が、シーボルト国務省日本代表（連合国最高司令官政治顧問）を訪ね、共産主義ソビエト・ロシアによる対日軍事侵攻や、「中共」すなわち中国共産党による対日浸透の脅威に対処するため、米国による沖縄の長期占領と基地化を要請して、次のように伝えます。

「天皇が述べるに、米国が、沖縄をはじめ琉球の他の諸島を軍事占領し続けることを希望している。その占領は、米国の利益になるし、日本を共産主義から守ることにもなる。（中略）天皇がさらに思うに、米国による沖縄の軍事占領は、日本に主権を残存させた形で、長期の――二五年から五〇年、ないしそれ以上の——貸与をするという擬制の上になされるべきである。天皇によれば、この占領方式は、米国が琉球列島に恒久的意図を持たないことを日本国民に納得させることになるだろうし、他の諸国、特にソ連や中国が同様の権利を要求するのを指し止めることになるだろう」。

シーボルトは直ちに、総司令官マッカーサーと、国務長官マーシャル宛てに極秘電文を打ち、次のように付記解読します。「これは疑いもなく、（天皇とその側近グループの）私益（セルフ・インタレスツ）から出たものである」。

当時進行中の極東軍事裁判で天皇戦犯処刑の動きを回避し、天皇の地位の安泰を図るために、天皇と側近グループが、取引条件として米国に沖縄占領基地化を申し出てきたことを、シーボルトと米国側は的確にも見抜いていました。

そしてこのメッセージのチャンスを逃さないかのように、米国国務省と大統領府は、日本統治政策の根本を、対ソ平和共存路線から、対ソ対決路線へと転換させ始めます。米国の対日占領政策に即して言えば、占領初期の日本民主化政策から、日本武装体制化政策への転換です（逆コース）。日本民主化こそが、日本とアジアの平和と繁栄を確保することになるという平和共存路線から、日本の反共軍事拠点化こそが日本とアジアの平和と繁栄の道だという冷戦対決路線へと、一八〇度の転換を図るのです。その転換下で、沖縄恒久基地化が図られていきました。

沖縄主権確保論の登場

ただ冷戦終結以後、米国や日本の戦後史研究者が、このメッセージは、沖縄に対する日本の主権の喪失ではなく、主権の確保を図ることができた日本外交の勝利であり、天皇の叡智であったという解釈を主張し始めます。

前防衛大学校長、五百旗頭《いおきべ》真《まこと》教授門下生のロバート・D・エルドリッヂ（元大阪大学准教授）や法政大学の河野康子教授が、琉球大学の宮里政玄名誉教授などとともに主張し始めた解釈です。

実際、エルドリッヂは、先の天皇メッセージ伝達電文のくだりを、原文の「私益（セルフ・インタレスツ）」という言葉から、氏の日本語論文では「国益（ナショナル・インタレスツ）」へと読み変えます。

つまり寺崎を通じた天皇と天皇グループの働き掛けを、「これは疑いもなく国益から出たものである」と訳し変え、独自の解釈を展開したのです。これは歴史事実の意図的な歪曲です。そしてエルドリッヂは、天皇メッセージのお蔭で、日本の国益が守られ、沖縄は米国の永久占領の手から逃れることができた、沖縄琉球に対する日本の主権が、潜在的にしろ確保できたのだと結論します。それを、「名君・昭和天皇賛歌」とアメリカ外交への賛美とつなげるのです。著者は、その論文で博士号をとり、それを基に『沖縄問題の起源』（名古屋大学出版会）を出版して、サントリー学芸賞を授与されます。氏は、大阪大学准教授を務めた後、今、沖縄米軍基地で、「日米安保ムラ」の高官として活躍しているはずです（在沖米海兵隊外交政策本部次長）。

河野康子氏の解釈も、同じ線上に、天皇メッセージの御利益《ごりやく》を説いたものです。

片面講話と日米安保のすすめ

しかし電文の趣旨が、沖縄の米国による長期占領と恒久基地化を要請した事実は否定できません。セルフ・インタレスツは、どう翻訳し直しても、国や国民（ネーション）の利益、つまり国益ではないし、あくまで「私的利益」です。

しかも天皇メッセージは、一方で沖縄を、ソ連や中国の共産主義の脅威に対処するための最前線基地とすることを薦めます。しかし、他方ではその恒久基地化を、ソ連や中国の参加しない形で結ばれる日米間の相互取り決めによって進めるべきだと提言するのです。つまり、対日片面講和と日米安保のすすめです。

対日講和について言えば、第二次大戦という反ファシズム軍国主義戦争をともに戦った、ソ連や中国や韓国、北朝鮮を排除した講和会議で取り決める、いわゆる片面講和の道を日本が推し進めたのです。日米安保については、ソ連や中国の共産主義の脅威に対処するために、日本再軍備化を進め、そのために日本とアメリカとの二国間だけの安保条約を、対日講和条約と一緒に結ぶことにしました。その日米二国間の安保条約によって、反ソ、反共産主義戦略展開のための、沖縄軍事基地化を保障強化するという道です。

いったいこうした一連の道を米国側に献策した天皇メッセージが、「沖縄の主権を確保するための〝名君〟昭和天皇の叡智」だったと礼賛できるのでしょうか。そもそもそうした対外行動は、新憲法下での「天皇の国事行為」を大きく逸脱するものです。憲法違反ではありませんか。

かくて片面講和と日米安保とをワンセットにした形で、琉球の長期占領化と基地固定化を進め始めることになりました。だから、ソ連や中国の参加しないサンフランシスコ講和条約と、それと同時に結ばれた日米安保条約、いわゆる日米同盟によって、潜在主権なるものも事実上の恒久的占領と主権の喪失とを意味したものに他なりません。しかも実際の条約交渉過程では、国会承認のいらない行政協定を日米二国間で結んで、在日米軍基地内の米軍に、日本の主権の及ばない治外法権的で放逸な行動を保障することになりました。

沖縄の恒久基地化への具体的な建設工程は、この頃、正確に言えば一九四八年九月ころから始まります。本土から、大林組と間組が、大規模護岸工事や軍用航空機基地や射爆撃場建設工事のために、政府大型契約に参入し、恒久基地化工程が着手されます。

第三の解釈

天皇メッセージについて、近年、新手の解釈も出て来ています。いわば第三の解釈です。すなわち、天皇メッセージによる沖縄基地化は、憲法第九条と一体となって進められたものであり、沖縄基地化は、平和憲法と不即不離の関係にあるという解釈です。つまり、第九条による日本非武装化（もしくは軽武装化）を担保するために、沖縄を米国に差し出し、沖縄の基地化を受容せざるを得なかったという見方をしています。

このことは、平和憲法の誕生とその維持は、そもそも沖縄基地化を不可欠の要件としていると含意します。換言するなら平和憲法は、沖縄基地化なしに成り立ち得ないものであり、もし沖縄基地撤去なり削減を求めるなら、第九条改正の選択肢もやむを得ないものだ、ということです。

ソ連は脅威なのか

しかしこの歴史解釈は、歴史の現実から乖離した読み方だと言わざるを得ません。

第一に、当時のソ連はなおも、米国との平和共存路線を希求していました。中国は内戦の渦中にあって、対日侵略に出てくることなど考えられなかった。だから、当時ソ連と中国の現実の脅威は、事実上存在しえようもなかったという事実が挙げられます。

実際、ソ連の極東戦力は、縮小解除され西側方面に撤退し、ソ連軍主力はウラル山脈西側に置かれました。モスクワから一万キロ以上も離れた極東に兵力を展開し、日本に軍事侵攻してくるなどという余力は、軍事的にも経済的にも考えられないことでした。

第二に、米国についていえば、確かに米国は、日本軍国主義復活の脅威に備えて、日本の非武装化つまり第九条と沖縄基地化とをワンセットにして、憲法制定と制定後日本の国のあり方を考えていたように見えます。しかし憲法制定後の一九四七年の時点にあって、米国は沖縄に米軍基地を置いていたけれども、それは決して長期固定化を意図したものでなかったという事実です。

米国もまた、米ソ共存論の大枠の中で極東戦略を考え続けていたのです。そしてその下で沖縄は、未だ小規模で暫定的な、非固定的な軍事拠点構想に留まっていました。

第三に、天皇メッセージが出されるまで――したがって米国による日本反共同盟化へと舵を切り始めるまで――米国政府は、なおも第二次大戦以来の反ファシズム、反軍国主義的な、戦後世界構想の中でアジアを位置づけ、その中で日本の非軍事化を促進していたという事実です。

たとえ米政権内に、反共主義的な対ソ対決強硬派が台頭し始めていたにせよ、一九四七年中葉の時点にあっては、ワシントンでも対日占領当局内でも、彼らは決して主流派を形成確立していませんでした。いわば、対ソ冷戦対決派と対ソ平和共存派とが、米国政策決定機関内でせめぎ合い、揺れ動いていたのです。

そこに出てきたのが、東京からの天皇メッセージです。日米安保による日本武装体制化をすすめ、対ソ対中反共冷戦政策への転換をすすめる具体的な政策提言が、東京の現地から、それも天皇サイドから出てきた。国務省日本代表のシーボルトは、このメッセージに喜び、力づけられます。それを直ちにマッカーサーに伝言し、ワシントンに助言するのです。そしてワシントンは動き始めます。つまり、沖縄の恒久基地化構想が進展し始めるのは、疑いもなく天皇メッセージを嚆矢《こうし》としていたのです。

その意味で米国の琉球沖縄像は、今日に至るまで、天皇メッセージの残影と、共産主義脅威論の残像の中で生きているのです。それが大米帝国支配下、パクス・アメリカーナ下での琉球沖縄像の原型です。

脱亜入欧論の中で

その沖縄のあり方はまた同時に、明治維新以降の「脱亜入欧」論者が求めた琉球沖縄像でもありました。すなわち、大英帝国にしろ大米帝国にしろ、私たちヤマトンチューは、「アジアの悪友」と手を切り、劣等なアジアを犠牲に侵略し、欧米諸国と同じように領土拡大し、「富国強兵」によって欧米世界の仲間入りをすべきだという、「脱亜入欧」論です。

アジアとともにアジアの中で生きるという世界像ではありません。琉球沖縄をはじめ「劣ったアジア」と対決し、アジアを踏み台に領土拡大していく、という世界像です。ご承知のようにその世界像の発端が、一八七二年から一八七九年に至る、二次に渡る琉球処分、つまり琉球王国侵略併合でした。そして日清戦争に勝利した後、下関条約を結んで、台湾とその周辺の島々を併合し、琉球諸島の日本併合を国際法的にも確定します。[4]

先ほど説明したような経緯から、沖縄の長期軍事基地化は、日本武装体制化とつねに一体のものとして進展していたのです。つまりは憲法第九条空洞化の道です。だから、第九条が沖縄基地化の生み出したものであり、沖縄基地化が第九条とワンセットになって進められたという沖縄琉球像は、単に

4 註 尖閣諸島のことについての付記

ここで、日清条約によって日本が併呑併合することを国際法上認められた周辺諸島には、そもそも尖閣諸島も含まれていたと解釈できることに、応分の注意を払ってもよいでしょう。

明治政府は、それ以前、日清戦争の最中、勝利の芽が見え始めた一八九五年一月に、すでに閣議決定で、国民にも国際社会にもまったく秘密裏に、日本領編入の国内法手続きを済ませていました。ただ当時まだ尖閣諸島という名前は日本地図にはありません。日本政府も琉球王朝も、釣魚島という中国名で呼びならわしていました。

それは、その島々が一六世紀当時から、朝貢貿易や漁民たちの立ち寄り先として使用されており、中国王朝が自国領としていたからです。その島々は、中国の大陸棚の一番東の端に位置し、そこからは、二五〇〇キロ以上の深い沖縄トラフ、黒潮海溝があります。当時の航海術では、琉球沖縄から近寄りにくい、琉球列島のいわば対岸に位置していました。

日本が釣魚島を、「尖閣諸島」と命名して日本地図に書き込むのは、下関条約締結五年後、一九〇〇年のことです。一八九七年に英国がその海軍地図に「Pinnacle Islands（先端の尖った島）」と命名したのを、日本流に「尖閣島」と和訳したままでのことです。今日、中国や台湾が、日本の主張する「尖閣固有の領土」論を否認し続ける背後には、こうした歴史的地理的な、動かすことのできない事実が存在します。

歴史事実を無視しているだけでなく、沖縄と安保をめぐる歴史構造を逆転させた論理、つまりは非論理でしかありません。

アジア力の世紀の中で

しかし、もし世界の地軸が西から東へと移り続けているなら、どうなりますか。世界の中心はヨーロッパでもアメリカでもなく、アジアにあるとするならばどうなりますか。しかもアジア経済一体化の現実が進行し、東アジアで地域統合の動きが進展している。共産主義ソ連はもはや地上に存在しない。共産主義中国も存在しない。中国は共産党支配を維持しているけれども、そこにあるのは、いまやGDPで世界一、二を争う経済大国となった資本主義体制中国です。

二〇一二年、日本の対中貿易依存度は、香港経由も含めて、二三・五％です。日本の対アジア貿易依存度は五割を超えています。それに比して、対米貿易依存度はわずか一三％内外です。日本と中国や韓国、ＡＳＥＡＮとの交易と人流が盛んになり、相互依存が強まり続ける。中国が日本を攻めて来るなど、昨日の世界のフィクションでしかない。それが、今日の現実です。

地域協力の制度化の進展深化を、専門家は地域統合というコトバで呼びます。その最先端のあるのが、「漂えども前に進む」と表現されるＥＵ、欧州連合です。その後を追いかけているのが、二〇一五年につくられるＡＥＣ（ＡＳＥＡＮ経済共同体）です。そして一九九七年アジア通貨危機を契機に着手され始めた、東アジア共同体形成の動きであり、その展開です。本日開所記念講演会が行われているこの琉球・沖縄センターは、まさに、進展する東アジア共同体の構想を研究推進する、日本で最初の研究機関の、日本で最初の支部です。なぜ今、鳩山元首相は、東京から遠く離れた琉球沖縄に、アジア地域統合を推進し実現するための知と運動の拠点をつくり上げようとしているのでしょうか。

鳩山氏と同じ発想が、実は世界的な経済学者、ノーベル賞に最も近いエコノミストと評価されていた元ロンドン大学教授、故森嶋通夫氏の事実上の「遺言」となった本の中で一早く提唱されています。

氏は、二〇〇一年に『日本にできることは何か――東アジア共同体を提案する』（岩波書店）を出版します。そしてその「遺言」の中で、日本の没落を救う道は、東アジア共同体を構築し、アジアの中でアジアと共に生きる道以外あり得ないのだと結論付けます。いわば「脱亜入欧」から「脱米入亜」への道を説くのです。そしてアジア地域統合体の首都は、沖縄那覇に置かれるべきだと提言しています。

森嶋教授の慧眼は、二一世紀を「アジア力の世紀」と捉え直した時に、初めて見えてきます。世界の市場や交易、生産の中心が東アジアへと転移しているなら、沖縄の位置はどんな意味を持つのでしょうか。もし東アジアが地軸の中心であるなら、そのさらに中心に位置している琉球沖縄は、どうなりますか。

そしてもし、通商や投資、ヒトやモノ、カネや情報、技術の相互交流と相互依存を軸に、東アジアの地域協力が進展し、その制度化が拡大深化し続けているとするなら、どんなことが起こるでしょうか。言うまでもなく、沖縄琉球が、その生まれ始めた地域共同体の中心座位に位置せざるを得ないのです。歴史と地理の終焉が、新しい世界地図を描き上げ、その新しい世界地図のど真ん中に、この地が位置しているからです。

琉球沖縄の変わる位置

沖縄の北には、日本列島や、朝鮮半島、極東ロシアが位置します。琉球列島の東方には、グアム、フィリピンやハワイ、広大な太平洋が広がり、米国西海岸に至ります。南には、台湾や東南アジア、オセアニア世界が展開する。そして西方には、中国や中央アジア、インドから、遠くユーラシア大陸が広がっています。まさに琉球沖縄は、二一世紀世界、とりわけ台頭するアジアの「通商の要石」、つまりは「平和の要石」として、潜在的に浮上し続けているのです。

その意味では、琉球王国の復権や琉球共和国独立論という言説は、決して単なるロマンではありません。現実の歴史の趨勢がその言説に現実味を与え続けているのです。そのことをまず、強く申し上げたいと思います。

それでは一体、今なぜ東アジア共同体なのか。なぜ東アジア共同体を構想し、その構想を推進すべきだというのか。本日の第二の論点です。

二、東アジア共同体とは何であるのか——地域統合を進めるものと阻むもの——

地域統合を進めるもの

ちょうど今から一三年前、二〇〇一年、この地、那覇を会場に、東洋経済新報社が主催した国際会議の主題が、「東アジア共同体は必要か」でした。その後、日本の各地で開かれる大学や関係会議の主題の多くが、「東アジア共同体の必要性と可能性」でした。それからの長い間、私たちは東アジア共同体をつくるべきか否か、つくる必要があるのか否か、という議論をしてきました。

しかし今や必要性とか可能性とかいったコトバで、東アジア共同体構想を語ることがほとんどありません。東アジア共同体を作るべきだという議論は、もう終わりました。むしろ、どうすれば東アジアの地域協力の制度化を進めることができるのか。あるいは、その制度化はどこまで来ているのか、東アジア地域統合、つまり共同体構築の進展を妨げているものは何であり、それをどう除去していくことができるのか、といった形で議論されるようになりました。

私もここ一〇数年、東アジア共同体形成の動きを、いわゆるトラックツー外交、半官半民外交の現場からつぶさに見てきました。その現場からこのような印象を得るに至りました。

いったい、一方で東アジア共同体は死んだといわれながら、他方で東アジア共同体形成につながる動きが実際に進展し続けるのはなぜでしょうか。この一見矛盾した現象を解き明かすために、次のようなもっと根源的な問いに答えていきたいと思います。

なぜ「想像の共同体」をつくるのか

そもそも、村や町であれ、国家であれ、人々が共通の目的の下に共通の制度をつくりあげるのは、何のためでしょうか。全く見ず知らずの人が、川や山、時に海を超えて、共通の行政の枠組みの中で暮らしていこうとするのは、なぜでしょうか。何が、共同体をつくり上げるのでしょうか。しかも国家ばかりなく、いまや国境を超え、国家を超えた共同体、地域統合と呼ばれるものを人々はつくり上げています。

鳩山元首相がよく言及なさっている欧州共同体がそのはしりです。第二次大戦後、独仏伊とベネルクス三国（ベルギー、オランダ、ルクセンブルク）が中心となってつくり始めた、欧州統合の歴史がそれです。こうしたヨーロッパの共同体ははじめ、独仏国境沿いのルール、ザール地方の石炭を共同開発し鉄鋼を共同生産する、いわゆる欧州石炭鉄鋼共同体として出発しました。欧州石炭鉄鋼共同体は、「不戦の共同体であることを目指したものである」と設立者の一人、フランス外相シューマンが設立宣言の中で謳い上げています。

それから六〇年、今やＥＵは、共通の通貨を持ち、共通の銀行と共通の政府を持ち、共通の軍隊すら持っている。国家の枠組みを残しながら、国家を超える、もう一つの共同体を構築し、それを発展させている。まさに欧州共同体です。二〇〇四年以来ＥＵ（欧州連合）と呼称されるに至ったそれは、今日加盟国を、発足当時の六カ国から二八カ国にまで拡大しました。機能を多面化させ、深化させています。世界金融危機以後、ＥＵ解体論が、マスコミや学者たちの間で繰り返し語られていたにもかかわらず、ＥＵは、着実に発展深化し続けているのです。これかＥＵが「漂えども前に進む」と呼ばれる所以です。

そして今アジアにも、共同体形成の流れが及んでいます。先に触れたように、ＡＳＥＡＮ加盟一〇カ国がＡＥＣ（ＡＳＥＳＡＮ経済共同体）の二〇一五年中の発足を目指しています。中南米カリブ海地域では、ＣＥＬＡＣ（カリブ中央ラテンアメリカ共同体）がつくられ、その機能をさらに深化させています。

ここで先程の質問に戻ってみましょう。なぜ国は、国を超えて共同体をつくるのでしょうか。いやそもそも、なぜ見も知らない人々が、国であれ村であれ、地域共同体であれ、共通の屋根の下に住もうと共通の家をつくろうとするのでしょうか。政治社会学者、ベネディクト・アンダーソンは、『想像の共同体』という古典的名著の中で、国家を「想像の共同体」というコトバに置き替え、国家が形成される過程を明らかにします。そのベネディクトの考察を基礎に、次のように答えを要約できましょう。

共同体はそもそも幻想だ。だが、たとえ幻想であっても人々は、次のような要因下で、それをつくらざるをえなくなる。人々は、家族とか集落とか、狭い自然的な共同体の枠を超えて、同じような利益とリスクと文化とを共にするようになった時、それを基礎に、もっと規模の大きな共同体をつくるようになるからです。

ではいったい東アジアで、国家を超えた共同体の形成を促している要因とは何でしょうか。

共通のリスク

最初に指摘しなくてならないのは、共通するリスクを各国が有していることです。互いにバラバラに行動していたのでは、お互いの国益を損ねて経済をおかしくしていくだけだという意識があります。そのためには、まとまって共同のプロジェクトを進めなくてはならない。それを骨格に、雨露をしのぐことができ、時に台風や嵐からも守ることができる家の骨格を作らなければだめだ、と考え始めます。

そのきっかけが、一九九七年から九八年にかけて勃発したアジア通貨危機です。一九九七年七月二日、ちょうど大英帝国が九九年間の植民地統治を終わらせて、香港を中国本土に返還したその日をねらい打ちするかのように、米欧の機関投資家、ヘッジファンドが動き始めます。タイの通貨バーツを大量に買い続けた後で、それを一気に売り浴びせます。タイガーファンドやソロスたちが、バーツの売りと買いを繰り返して、巨額の富を稼ぎ出したのです。

バーツ以外にも、韓国ウォン、インドネシアルピー、フイリピンペソと、同じ手口を同時に繰り返しました。各国は、自国通貨の急落を防ぐために、自国が持っている外貨、つまりドルで、自国通貨を買い支えようとしますが、支え続けるだけの十分なドルを持ち合わせていません。そのため、IMF（国際通貨基金）や世界銀行、アジア通貨基金に、外貨貸出しの救援を頼んだのです。

しかし世銀や、アジア開銀はいろいろな注文や条件を付けてドルを貸し渋りました。IMFは貸し出しに応じますが、条件として貸出国、特に韓国などに対して経済構造改革を求めます。そして結果として外国資本、特にアメリカ企業が参入しやすい条件を呑ませたのです。その構造改革が、今日の米韓FTAに繋がって、韓国経済のアメリカ化とでもいうべき悲惨な状況をつくり出しています。

いわばアジア通貨危機を契機に、アメリカ流のカジノ資本主義のリスクが、成長するアジア市場をめがけて、襲いかかってきたのです。東アジア各国は、まさに共通のリスクを手にする訳です。

アジア通貨危機以後

アジア諸国は危機の再発防止に向けて、対抗策を制度的に構築しようしました。二〇〇〇年五月、ASEAN一〇カ国と日中韓三カ国の財務相が、タイの古都チェンマイに集まり、域内通貨融通措置の仕組みをつくります。チェンマイ・イニシアティブと呼ばれる共通の枠組みです。

他方、アジア通貨危機の勃発を契機に、一九九八年、韓国の金大中大統領やマレーシアのマハティール首相が音頭を取って、ＡＳＥＡＮ＋３の首脳会談が毎年開催されるよう制度化されました。同時に、東アジア共同体の制度設計に向けて、官学共同の研究グループ、東アジアビジョングループ（ＥＡＶＧ）を立ち上げて、地域統合のための共同研究を開始します。

そして二年間の共同研究を経て、二〇〇三年一〇月北京で、ＮＥＡＴが結成されます。ＮＥＡＴとは、Network of East Asian Think-tanks の頭文字をとった略称です。東アジア共同体構築のための半官半民の専門家チーム、各国代表的シンクタンクの連合体です。

そしてＡＳＥＡＮ＋３の各国に、ＮＥＡＴを構成する専門機関が設置されます。日本では二〇〇四年に、当時伊藤憲一青山学院大学教授が理事長を務めていた国際フォーラムが受け皿となりました。オールジャパンの掛け声の下に、東アジア共同体評議会が設置されます。

会長に中曽根康弘元首相、副会長に故・柿沢弘治元外相が就任し、評議会メンバーには、研究者や元外交官や経済学者、ジャーナリストなど、アジア地域統合に強い関心を寄せる官民双方の専門家たちが参加しました。私も、評議会副議長の一人として、共同体建設に参加協力しています。

そもそも国家の壁を超えた「共通の家」をつくるためには、国家を背負った外交官や政治家たちの協議に任せては進みません。国益を超えた新しい地域的な枠組みづくりには、むしろその地域の専門家集団が参集して合意形成を進めなくては駄目なのです。そうした発想が、ＮＥＡＴ形成の背後にあります。

発想の原点は、欧州共同体がつくられ、推進される過程で生まれたものです。ＥＵ誕生の立役者、フランスの実業家、ジャン・モネはそれをこう表現しています。「私たちは、国と国とを同盟させるのではない。人と人とを結びつけるのである」。

国家と国家ではなく、国家を超えた民間人たちも参入し、人と人とのつながりを深めることによって、地域と国際関係のかたちを変えていく。アジアの政治家たちも、そうした、欧州の歴史から教訓を学んでいたのです。その意味でも、財団法人東アジア共同体研究所もまた、デジタル空間の動画配信以外にも、そこから飛び出し、さまざまな形で国内外の連携活動を展開していくなら、トラックツーの外交機関として生成発展できる大きな潜在性を秘めているはずです。

知識共同体の形成へ

こうして、東アジア共同体にしろASEAN共同体にしろ、具体的な地域協力制度化の政策実現の背後には、国家を超えた専門家集団の政策シナリオのコンセンサスが不可欠だという発想が生れました。それを「知識共同体（エピステミック・コミュニティ）」というコトバで国際関係の専門家は呼んでいます。

「すべての偉大な歴史的出来事は、ユートピアとして始まり、現実として終わる。ユートピアを実現するためには、どれだけ多くの人がそれに賛同するかにかかっている」。ヨーロッパ共同体の父、クーデンホフ・カレルギー伯爵の言葉です。鳩山首相は、この言葉を、東アジア共同体研究所の設立の言葉としています。今、私が紹介した「知識共同体」の形成は、まさにそうしたユートピアを単に夢に終わらせない、厳しいリアリズムから生まれた発想です。

ちなみに「夢」というコトバは、五年前に惜しくも亡くなられた、東アジア共同体評議会副会長、柿沢弘沢外相の辞世の言葉でした。葬儀式場には、二メートル四方以上の額に、自筆の「夢」の一文字が揮ごうされ、白い花に囲まれていました。もし柿沢先生がご存命であれば、真っ先に本日の琉球・沖縄センター開所式に駆け付け、鳩山理事長とセンター開所に熱い連帯のエールを寄せていたはずです。

こうした「夢」というメッセージの根底には、アジア諸国が、アメリカ流のカジノ資本主義――略奪的資本主義とも表現されますが――のリスクに対処するために、国境を超えた東アジア共同体をつくる時が来ている、という共通の時代認識があったのです。その共通のリスクに対する共通の時代認識は、二〇〇七年夏に始まる世界金融危機で再確認され、チェンマイ・イニシアティブのマルチ化が進められています。通貨融通措置の共通融通規模について、当初の八〇〇億ドル（邦貨で八兆円）を、一二〇〇億ドルから二四〇〇億ドルにまで拡大し、同時に貸し出し協定方式を二国間から多国間でやり取りできるように便宜を図って、強化することになりました。それと同時に、アジア債券市場の創設も構想されています。域内の遅れたインフラ整備のために、域内で蓄積されている資金を運用できる債券市場をつくろうという試みです。

また、アジア通貨危機に先立って、大規模な山火事による広域煙害が発生し、インドネシア、フィリピン、マレー半島の空を一年近く覆いつくし、水田が被害を受けてコメがとれずに、食糧危機に陥ったことがありました。地球温暖化によって、アジア域内が共通のリスクを抱くに至ってしまったのです。そのリスクに対処するために、日韓両国の農水省が率先して、域内でコメ不足が発生した時には、緊急にコメを輸出支援する仕組み作りが進められています。東アジア緊急コメ備蓄システムです。

また東アジアの国々が抱える共通のリスクとして、東南アジア一帯の海域が海賊の出没する、地球上で最も危険な水域となったことが挙げられます。域内交易が盛んになり、急速な経済発展の影で、海上交通を襲う貧しい漁民集団が徘徊し始めたのです。この共通のリスクに対処するために、域内諸国は相互の海洋監視機能を強め、海賊出没と取締りのための共通対策に乗り出しています。

いずれも二一世紀情報革命の産物だといえましょう。情報革命が進展してグローバル化が進展する。そのグローバル化が、カジノ資本主義のリスクを高め、地球温暖化のリスクをつくり、格差と貧困を拡大させて、アジア海域における海賊頻出リスクを生み出す。グローバル化が地域のリスクをつくり、そのリスクに対処するための共通の地域協力の制度化が求められ、進められていく仕組みです。

情報革命がつくる共通の利益

加えて同じ九〇年代末から、東アジア諸国間には、地域統合を進める第二の条件、共通の利益が生じていました。

二一世紀の情報革命によって、ヒトとモノとカネ、交易と投資、物流や人流が急速な速度で進みます。それによって、アジア経済一体化といわれる状況が出来上がってきました。

その結果、邪魔になってきたのが国境の壁です。国々の関税障壁が低ければ低いほど、通商の相互利益を上げることができます。自由貿易体制の構築と推進が、限りなく求められていくのです。工業製品に関するかぎり、関税はゼロに近付けた方が、交易が活発化し、企業や国が豊かになります。

もちろん、農業のような一次産業は別です。しかし農業に関しても、いまや六次産業化し、農産品加工食品として、アジア域内で交易と投資の相互連鎖の中で、新しい越境型産業として展開し始めているのです。中国には年間コメ需要が一億五〇〇〇万トンあります。そのわずか一%だけでも日本から輸入できる仕組みができれば、コメ輸出量は年間一五〇〇万トンになります。日本の年間コメ生産総量のおよそ二割、年間減反分を補填できる十分な量です。

こうして、いくつかの条件付きであれ、国境の壁、関税障壁は低いほうがいい。国境の壁の撤廃を国家間の条約で取り決める動きが、九〇年代以来、グローバルな規模で進んできました。FTA（自由貿易協定）の動きです。そのFTAの輪が、東南アジアをはじめ、世界各地に広がり始めます。欧州ではEUが進展し、北米大陸では、アメリカとカナダ、メキシコの三国の間で、NAFTA（北米自由貿易協定）が結ばれました。

FTAの輪がアジアで広がる

しかしFTAの動きと広がりは、とりわけ東南アジア、ASEAN諸国で顕著です。なぜ、東南アジアでFTAが特に進むのでしょうか。

ここでも答えは、情報革命です。情報革命によって、東南アジアに日中韓三国を加えた舞台で、ネットワーク分業の網をつくり始めたからなのです。今や一台のクルマは、一国内で完成しません。マレーシアでタイヤ、ジャカルタでバンパー、タイで内装部分、台湾で電化部分、ソウルでデザイン、上海で金融を担当するといった形で、各国で分業してクルマを完成させていくのです。企業内や企業

郵 便 は が き

料金受取人払郵便

神田局
承認

1010

差出有効期間
平成28年2月
28日まで

101－8791

507

東京都千代田区西神田
2-5-11 出版輸送ビル2F

㈱ 花 伝 社 行

お名前《ふりがな》
お電話
ご住所（〒　　　　　　　　）
（送り先）

◎新しい読者をご紹介ください。

お名前《ふりがな》
お電話
ご住所（〒　　　　　　　　）
（送り先）

愛読者カード

このたびは小社の本をお買い上げ頂き、ありがとうございます。今後の企画の参考とさせて頂きますのでお手数ですが、ご記入の上お送り下さい。

書 名

本書についてのご感想をお聞かせ下さい。また、今後の出版物についてのご意見などを、お寄せ下さい。

◎購読注文書◎

ご注文日　　年　　月　　日

書　　名	冊　数

代金は本の発送の際、振替用紙を同封いたしますので、それでお支払い下さい。
（2冊以上送料無料）

なおご注文は　FAX　03-3239-8272　または
メール　kadensha@muf.biglobe.ne.jp
でも受け付けております。

間、産業内の部品貿易が、製造工程の三分の二近くを占めるようになりました。科学技術、特にコンピュータや半導体の登場と進歩が、交通通信手段の飛躍的発達とともに、ネットワーク分業を可能にし、それを加速させたのです。

携帯電話やスマホで、東京と北京、バンコクが瞬時に繋がる、新しい世紀です。しかもパソコンのスカイプで、相手の顔を見ながら会話を交わし、ビジネスを展開できる時代です。それも料金はほとんどかかりません。二〇一五年には同時通訳機能も、実用化されるはずです。通信移動のコストが、情報革命の発達によって限りなくゼロに近づいているのです。

その結果が、東アジア域内における一日経済圏の誕生です。早朝東京を出て、昼にシンガポールに着き、ビジネスランチをすませて折衝打ち合わせをし、夕食を共にしたあと、ナイトフライトで翌朝都心に戻ることができる。東京からバンコクまで四五〇〇キロメートル、ニューヨークからロサンゼルスまでの距離と同じです。その一日経済圏の利得を享受し、最大化させるためには、国境の壁である関税障壁や資本障壁が低ければ低いほどよい。情報革命が、アジア域内で共通の利益をつくり上げていく仕組みです。

相互補完関係の利益

しかも、東アジア諸国間の共通利益は、ネットワーク分業による相互依存関係からだけ来ているのではありません。同時に、域内国家間の発展格差がつくる、相互補完関係からも来ているのです。

よく、欧州は国々の格差が小さい、均質な国々からなっているから共同体ができる。東アジアの場合は違う、と言って東アジア共同体論批判を展開する人がいます。

しかし逆なのです。確かにアジアの国々は発展段階が違う。ＧＤＰ一人当たりでみても、三桁台の経済格差があります。しかし、相互の違いがあることが、逆にお互いを引き合い、結びつけ合うのです。卑近な例が、女性と男性との違いを見ればわかります。

発展段階の違いがあるために、互いが互いに対して相互に補完し合う関係が成立するのです。アジアの国々についていえば、豊かな先進アジア諸国は、国内に豊富な資本が余っているし、進んだ開発技術も、優秀な技術者もいる。しかし国内に投資先がなくなっている。

東アジアの貧困な途上国は、まさにその先進アジア諸国にとって、恰好の投資先であり、共同開発の場へ変貌できるのです。発展格差が生む、相互補完関係の深化です。

いま、アジアでは、最も遅れたインドシナ半島、ラオス、カンボジア、ミャンマー、ベトナムを中心に、中国雲南省からメコン河デルタ地帯に向けて、巨大なメコン総合開発共同計画が進んでいます。これを、インドネシアやフィリピン、ブルネイ、マレーシアへと、南から東に伸ばします。また、タイからミャンマーを経てインド亜大陸へと西に伸ばします。

その広大な開発計画が、いまＡＳＥＡＮと日中韓、インドが加わった形で、アジア開発銀行や国際機関ＥＲＩＡ（東アジア・ＡＳＥＡＮ経済センター）が中心となって、アジア総合開発計画として進展しています。しかも、後発アジア地域のインフラを整備強化するなら、交易や交通、物流や人流、通信運輸や観光にも、役立つ。先進国と後発国のＷｉｎ－Ｗｉｎの相互補完の輪です。その幾重にも重なる輪を、東アジア経済共同体の核にしようとしているのです。

アジア共通の利益の仕組みが、ＦＴＡのような通商貿易分野だけでなく、開発分野でも進展しているのです。

こうした発展を踏まえて、二〇一二年八月、ＡＳＥＡＮと日中韓三国、つまり「ＡＳＥＡＮ＋３」と、インド、オーストラリア、ニュージーランドを加えた「ＡＳＥＡＮ＋６」の一六カ国は、カンボジアで経済大臣会合を開き「東アジア包括的経済連携」、ＲＣＥＰ（Regional Comprehensive Economic Partnership）の枠組み合意に達しました。

今、アメリカ発のＴＰＰとは別に、東アジア諸国は、もう一つの自由貿易協定地帯、ＲＣＥＰを形成発展させようとしているのです。遅れた開発途上国の事情を組み入れ、農業分野や知的財産権分野、政府調達分野に配慮しながら進めている、もう一つの広域ＦＴＡであり、地域協力の制度化です。

それは、欧州のような、均質な国家がつくる共同体ではありません。遅れた国々を抱える、不均質なアジアにあって初めてできる共同体です。発展格差がつくる共通の利益が、東アジアにあって、共同体構築を促し続けているのです。

そして第三の条件が共通の文化です。ここでもまた答えの一半は、情報革命にあります。

嵐と村上春樹

一昨年、二〇一〇年一二月に、私たちの学会、国際アジア共同体学会が、ジャカルタのプルサダ大学と、国際会議を共同開催した時のことです。帰りの空港まで車で送ってくれた若い日本研究専門の助教授が、私に「先生はアラシが好きですか？　私は大ファンです」と言うのです。

私には、アラシとは何のことかさっぱりわかりませんでした。本人の説明を聞いて初めて、日本のヴォーカルグループ「嵐」のことで、インドネシアの若者の間で知らない者がいないほど大人気であることを知りました。

同じことは、AKB48やSMAPについても言えます。韓国のアイドルグループ、KARAも同じです。上海にもAKB中国版ができました。

情報革命の波の中で今、東アジアの国々に広大な都市中間層が生まれて、その都市中間層を中心に、アジア共通の文化がつくられ始めているのです。

中国では、村上春樹の小説が若者の間で大人気です。中国語で「あなた村上春樹ね」というと、「かっこいいわね」という意味です。藤井省三東大教授の調査によれば、村上春樹の人気は、アジアの若者たちを中心に、時計回りで広がり続けています。

そのことは、都市中間層の登場と拡大を基礎に、日本から韓国、台湾、香港、シンガポールを経て中国沿岸部へと、都市中間層文化が伝播し、共通の文化が形成されつつあることを意味しています。

儒教仏教文化アジア的多様性

しかし、「嵐」や村上春樹に象徴されるのは、いわばアジア共通文化の表層部でしかありません。その表層下には、紀元前以来形成されてきた、仏教と儒教という二つのアジア固有の宗教基盤が厳然として残り、息づいています。そのことを見落としてはいけません。

実際、旅の先々、講演や国際会議の度ごとに、アジア人には、アジア特有の儒教精神が今日まで連綿と受け継がれていることに気付かされます。しかもその儒教精神が、仏教文化と結び合って、儒教仏教コンプレックスとでもいうべき思想と行動の規範をつくっています。それを、アジア文化の基層と呼んでもいいでしょう。

数年前、中国海洋大学という拠点大学の大教室で講演した時のことです。教室には「師恩重厚」という大きな額がかけられていました。「あなた方はこの言葉を知っていますか」とたずねますと、学生たちは「もちろんです。小学生時代から学んでいます」という答えが即座に返ってきたのには、驚きました。共産主義よりもむしろ、儒教主義の文化が、教育や生活の中に息づいているのです。

その文化の基層は、文化の古層とも結び合っています。それが、アジア的寛大さとも表現できる、多様な文化を包摂し受容できる、文化の多様性と重なり合っています。たとえば、インドネシアの古都、ジョグジャカルタには、世界遺産、ボロブドゥールという壮大な仏教建築がありますが、そのすぐ近くに、いくつものイスラム寺院が建てられています。仏教とイスラム教とが何十年かの時間差を伴いながらも、同じ町、同じ地域で平和的に共存している。文化の多様性への寛大さです。矛盾したものを、矛盾したまま、ともに受け入れていく文化がここにはあります。

こうした意味でアジアには、基層部分と古層部分で共通文化が息づき、アジア的都市中間層文化が、情報革命とアジア経済一体化の中で広がり深まっている。それが、「想像の共同体」としてのアジア共同体を支える第三の条件として機能しているのです。

三、「冬の季節」をどう乗り越えるか

しかし、こうした共同体形成の基本条件がつくり上げられているのに、今、東アジア共同体は「冬の季節」に入っています。なぜなのか。そこから抜け出るには、何をなすべきなのか。本日の講演の第三の論点です。

確かに、アジア通貨危機を契機に人々は、共通のリスクに気付きます。情報革命下でネットワーク分業が進展し、域内ＦＴＡを進めて、アジア経済が一体化し、共通の利益を見出しています。情報革命はまた、アジアに膨大な中間層を生み、共通の文化を育んでいます。それが、文化の基層と連動しています。

そうしたいくつもの条件が重なり合って、東アジア諸国の指導者たちは、トラックツー機関を介在させながら、二〇世紀末から二〇一〇年にかけて、着実に地域統合の歩みを進めてきました。

ＡＳＥＡＮ一〇カ国をハブに、日中韓三国と、インド、オーストラリア、ニュージーランドを加えた六カ国をスポークにして、域内自由貿易体制の基本形もつくられました。

二〇〇八年からは、日中韓三国首脳会議、サミットが毎年開かれ、アジア共通の問題を議論し、関係強化をはかる、日中韓サミットの仕組みと合意もできました。

この点では特に民主党鳩山政権下でのリーダーシップが特筆すべきです。実際、同政権下で、日中韓三国協議機関が、国際機関としてソウルに設立されました。また日中韓三国の拠点大学院が、相互

単位互換して、交流と理解を深め合う「キャンパスアジア」の仕組みもできて、動き始めました。これは、欧州の学生や教師が相互交流を盛んにして、統合を深化させるきっかけとなった、エラスムス構想に倣《なら》ったものです。

さらに、福田政権時に合意しながら凍結状態にあった、尖閣近くの東シナ海海域におけるガス田共同開発計画が、鳩山政権最後の日々に、鳩山・温家宝会談で再確認され、その実行に向けて事務レベル協議に入ることになりました、

また二〇〇七年から二〇〇八年にかけての餃子事件のような輸入加工食品の汚染問題を相互に処理し防止する、食品安全イニシアティヴも、鳩山・温家宝間で取り決められました。まさに二一世紀日本が、アジアとともにアジアの中で生きる基本的な枠組みが、この時期着実につくり上げられていました。

さらに、先ほど述べたように、アジア総合開発計画も進展し、ＲＣＥＰの枠組みもできました。

「冬の季節」へ

東アジア共同体構築の種がまかれ、緑の沃野に実を付け始めたのです。東アジア共同体の「春の季節」が始り、「夏の季節」を迎え、収穫の「秋の季節」に入るところでした。

しかし皆さん御承知のように、外からも内からも、思いがけない横やりが次々と入ってきました。季節外れの雹やあられが降り、秋の収穫の時を迎えることなく、一気に冬の季節へと突入しました。きっかけは、普天間基地返還問題です。次いでＴＰＰです。アメリカは、ＲＣＥＰ形成の動きを中断させ、アジアに楔《くさび》を打ち込んで、豊かなアジア市場に食い込もうとしているのです。

尖閣問題がそれに火を付けました。日中関係の急速な冷え込みによって、東アジアの連帯に暗雲が立ち込めました。まさに身震いするような厳冬の季節の到来です。いったい私たちは、この厳冬の季節に何をなすべきなのか。そして何ができるのか。

東アジア共同体の夢を捨てて、日本を、再びアジアで戦争をする国へと、座視して、ただ逆戻りさせるのでしょうか。長い冬眠の季節をむさぼるだけで、アジア地域統合の果実を投げ捨て、再び「脱亜入欧」の領土争奪ゲームの世界に立ち戻るのでしょうか。

答えは、これからの講師の先生方の御講演で明らかにされましょう。いや、すでに鳩山元首相の冒頭記念挨拶の中で示されているといってもよいでしょう。

結びに、またはアメフトと相撲の話

私自身としては、答えは、日本の文化と外交には戦略的な思考が欠けている、そのために日本は、「第二の敗戦」を迎えているのだという、一点を付け加えるだけで話を終えたいと思います。

一九八〇年代末、私がフルブライト給費留学生でアメリカにいた時、アメリカンフットボールをしたことがあります。これはアメリカの国技です。その練習ゲームに駆りだされた時に、内心感嘆した記憶が今でも強く残っています。「あっ、これが、アメリカの文化であり、アメリカ外交の神髄なのか」と納得したものです。

アメフトは騙しのゲームです。始まる前に、作戦会議を開いて、いくつかの作戦プランを討議する。そしていかに相手を騙し、策略にはめていくか、綿密な連携作戦を立てます。お前はここに飛べ、球は向こうに飛ばす、ジョンは向こうに走るふりをしろ。後ろにまわって球を取り、逆の方向へ飛ばせ、といった具合にです。それも一五分ごとに作戦会議をします。しかも世界中のスポーツであれほど硬いプロテクターをつけたスポーツはありません。重武装ゲームです。軍事超大国アメリカの現在を象徴しています。全米三億の人口の二人に一人が銃を保持しているアメリカ文化の顔です。

それなのに、ハーフタイム毎に超ミニスカートのチアガールが、フィールドに出て見事なトスを始める。戦意高揚のダンスです。これはソフトパワーです。一方で重武装で身を固めながら、他方でソフトパワーを繰り広げる。外交でいえば、デモクラシーとか市場経済とか、自由貿易といった、時に目もくらむようなアメリカン・イデオロギーのソフトパワーです。

対する日本の国技は、相撲です。まわし一本以外何もつけない。土俵に上がる時には、塩をまいて、いっさい不正はしませんと誓い合います。女性は、土俵に上がることさえ許されません。

外交の貧困

東アジア共同体やTPP、環太平洋経済連携協定をめぐる日米外交交渉を見ていますと、まさに、アメフトと相撲の国技の違いを見ているような思いになります。日本外交における戦略的思考の貧困です。

真珠湾攻撃の時もそうでした。日米安全保障条約交渉やサンフランシスコ講和条約交渉の時もそうでした。もちろん一九七一年沖縄返還交渉の時も同じです。様々な策略が仕掛けられ、アジアの分断が図られ、領土紛争の火種が埋め込まれています。

安倍首相が肝いりでつくった日本版NSCの事務局長、谷内正太郎元外務次官によれば、日米関係は「騎士と馬」の関係だというのです。アメリカという騎士に鞭打たれて、馬である日本は、日米安保の轡《くつわ》をはめられ、早く強く走れば走るほどいい。日本の安全保障を高めて、経済を強くしていく、そのためにTPPを進め、集団的自衛権行使を容認し、沖縄普天間基地を温存強化すべきだ。オスプレイを購入し、日本全土で演習できるようにすべきだ、というのです。御承知のように、オスプレイは、米国では「未亡人製造機」と呼ばれているほど、墜落の多い欠陥機なのです。

「騎士と馬」の論理、それはまさにアメフトと相撲という、日米の国技と文化、外交のかたちの、圧倒的な違いを表しています。

東アジア共同体構想の「冬の季節」は、この「騎士と馬」の論理の世界の中で到来しました。私たちがなすべきは、もう一度、不戦共同体としての東アジア共同体の原点に立ち返ることです。「脱亜入欧」の過ぎ去りつつある世界の論理から抜け出て、新しいアジア力の世紀を生き抜くことです。

そのために、真の意味での戦略的思考を鍛えて、冬の季節を乗越えることが必要です。この厳冬の季節に、しっかりと種をまき、雪の上から種踏みをし、春暖の季節の到来を前に、美しい大輪の花を咲かせようではありませんか。冬来りなば、春遠からじ、という言葉があります。東アジア共同体研究所の琉球・沖縄センターは、そのために蒔かれた一粒の種だと、固く信じて疑いません。

アメリカ流の高等戦略に呑み込まれるのではない。それを乗越えていくことです。自らの戦略的思考を鍛え上げて、もう一つの連携の道、アジア共生の道をつくり上げていくことです。

その道が、「脱米入亜」と、「一つのアジア」への道につながっているはずです。

第3章　訪米で見えてきた普天間移設の課題

稲嶺　進

ハイサイ、グスーヨー、チューウガナビラ（こんにちは、みなさん、お目にかかれて光栄です）（拍手）。名護市長、稲嶺でございます。以前にもお話を伺っていたわけですけれども、鳩山先生が東アジア共同体研究のために琉球・沖縄センターを那覇に設置されるということで、このようにたくさんの皆さんの支えと言いますか、応援団と言いましょうか、そういう中でこのオープンのシンポジウムが行われ、そして私も訪米の報告の機会をいただいて本当にありがとうございます。

訪米の目的——蔓延る誤解と沖縄の現状

私がニューヨーク、ワシントンに出かけたのが二〇一四年五月一五日、そして帰りましたのが二三日のかなり夜おそくでございました。その日をわざわざ狙ったわけじゃないですが、五月一五日、ちょうど沖縄が復帰した日なんですね。何か因縁めいたものを感じずにはおれませんでした。いま普天間移設問題では、昨年の一二月に仲井真知事が埋め立ての承認をしたことによって、この問題はかなり進展している、というニュアンスの誤解を、アメリカでもたくさんの人が持っているのではないか、あるいはまたそういうふうに思い込んでいるのではないかという心配もございまして、ニューヨーク・ワシントンに行くということになりました。

やっぱり案の定といいましょうか、進展しているとおっしゃる方もいました。あるいはそういうニュアンスも確かにありました。けれどもこれは、事務的にと言いましょうか、手続き的にと言いましょうか、それは進んでいるかのように見えるけれども、今なお七四％の沖縄県民は県内移設反対、辺野古はダメだという県民世論の調査がハッキリと現れていること。それからもうひとつは、二〇一三年の一二月、知事が承認をした後の名護市長選挙でも、改めて辺野古の海にも陸にも新しい基地は作らせないという、私稲嶺進を当選させるために一生懸命市内・市外・県外を含めてたくさんのご支援をいただく中で、名護市民ははっきりと二度にわたって意思を示したと、これは本当に大きな意味を持つものであります。

したがって、普天間移設問題は前に進んでいるという誤解を解かなきゃいけないという思いがあって、アメリカに行ってきたところでございます。

アメリカでの反応

今回の短い訪米日程でしたが、コーディネートをしていただいた新外交イニシアティブ（ND）の猿田佐世さんが、かなりの人数とのアプローチを試みて、お会いした方々を件数に表すと四七件の日程をこなしました。そこには一般市民の団体、あるいはNPO等、あるいはテレビや雑誌、あるいはシンクタンクの皆さんなどなどが挙げられますけれども、今回特に力を入れましたのは、ワシントンでの専門家の皆さんだけにお会いするのではなくて、一般市民の皆さん、そして出来るだけマスコミの皆さんとの話を中心に、そこに力点を置くということです。

おかげさまでメディア関係取材は、ラジオや新聞等々、一二件のインタビューなどを通して訴えることができました。活字になったり、あるいは映像になったりという形で、より多くのアメリカ国民の皆さんにお伝えすることができたのではないかと。そういう意味ではとても意義があったと思っております。

ただ政府関係者で言うと、国務省の方にはお会いしたのですが、国防総省の方にはお会いできませんでした。実はそこにも何かがありまして、どうして国防総省の方とはお会いできないんですかと聞きましたら「日本に出張にいっていてお会いすることができないんですよ」という話を聞いていたんですが、その晩、別の会場に行ったら「違いますよ。あの人はテレビに出ていましたよ」というようなことで、実際にはワシントンにいたようですけれども、お会いすることはできませんでした。

いろんな方々とお会いするには、大使館の皆さんにも大変お世話になったところがあります。特に、今日もおいでですが、玉城デニー衆議院議員もワシントンでは一緒に行動していただきましたので、デニー先生が大使館を通したり、あるいはいろいろな方々にお話を届けていただいたこともあって、今回多くの成果を上げることができたと言えるかと思います。デニー先生ありがとうございました。

アメリカの学生たちとの対話

行く先々で非常に反応が良いというのか、今回コロンビア大学の学生、大学院の学生なども関心を示していただきまして、学生たちとのテーブルも持つことができました。なかなかそういう機会を設けることは難しいんですけれども、若い人たちが沖縄の普天間のことに関心を持っていただいているということを知ることができただけでも、非常に大きな意義があったのではないかと思います。

ただやはり学生さんは、ほとんど沖縄の事も、普天間の事も、そして沖縄にこれだけの基地が存在している事も知らず、とにかくビックリされ、しかしその経緯がほとんどわからないという状況でした。結局学生さんたちとか若い人たちと、あるいは市民の方々と話をするときにはサンフランシスコ条約まで戻って、その時から沖縄の戦後史を少しずつひもといて説明を始めましたら、「大変なんだね」と共感といいましょうか、今の沖縄について、名護のことについてとても関心を寄せていただいた。

そして当事者として私達も、アメリカ人とお話をしてきました。中には、「アメリカの国が沖縄のみなさんに大変難儀を、負担をおかけしていることを恥ずかしく思います」ということをおっしゃった方もおりました。

そういう状況の中で特に強調したのは、「手続き的には進んでいるように見えても、まったく沖縄の状況は変わらないんですよ、これがそのままスムーズに計画が進められるということは絶対にありませんよ」ということです。シンクタンクの皆さんも、中には前回と少し受け止め方が異なる方もおりました。しかし辺野古の移設の問題が出て、もう一八年になる。これほど長い時間をかけてもできなかったという事は、計画そのものに無理があるんだろうとおっしゃっていますし、また今、アメリカが抱えている財政的な問題を含めて、無駄な事はすべきじゃないと言う方もたくさんいたわけです。

当事者としての認識を

そういう中で、これは日本の国内の問題なんじゃないのという話も出てきましたが、それもまた違うんじゃないですかと私は申し上げました。確かに埋め立てや、飛行場建設の主体は日本の国ですが、この飛行場は一〇〇年も使えるという仕様の飛行場です。これから一〇〇年先まで米軍が使っていくことになれば、アメリカも当事者になるということを強く申し上げました。一度は納得しても、でもこれは沖縄と日本政府の問題じゃないですかと、また戻るような場面もありました。

しかし我々はこの一八年間、辺野古にあるいは県内に新たな基地を作るのは絶対ダメという主張をこれまでも続けてまいりましたので、そのことは今もこれからも変わる事は全くありません。そういう中でこれから辺野古への移設が強行されることになるならば、それは世界中から、日本もアメリカも非難をされることになって、現在あるいろんな米軍のプレゼンスも逆に安定運営ができなくなることにつながっていくんじゃないですか、という事も訪米中に強く申し上げてまいりました。

沖縄に基地は似合わない

今日お話になる先生方も、そのことに触れられることもあろうかと思います。先ほど鳩山先生からもお話がありましたけれども、私たちは辺野古だけの問題ではない、名護市だけの問題ではない、ましてや沖縄県だけの問題でもないんだと言い続けてきました。これは日本国・全国の問題だという共通の認識を持って、それを広げないことには、この辺野古移設、ましてや米軍再編の問題はいつまでも解決しないということになるのではないかとお話をしてきたわけです。ただいずれにしても、辺野古への移設はそのまま続けるべきだ、絶対に必要だ、と言う人はほとんどいませんでした。難しいことは分かっていてもはっきりとこれはやるべきだと、我々に言葉をかける人はほとんどいません。

という事は、今の沖縄の問題・名護の問題について、あるいはこれまでの歴史も含めて、ある程度理解をしていただいているのかなと思うところもありました。しかし、先ほどはアジアの真ん中の話を進藤先生もされていましたけれども、ほとんどの方々に言えることですが、やはりアメリカという大国にとってこんな小さな沖縄の事を、本当によく理解している人は、残念ながら少ないんですね。そういう意味でも、これからもアメリカに行ってその度ごとに声を出してしっかりと沖縄の実情を伝えていく必要があるな、と思ったところです。

私もたくさんの皆さんに支えられて、飛行場で出発をするときもたくさんのみなさんに応援を、激励をいただき、帰国時も夜一〇時を過ぎても飛行場でお帰りなさいと待っていてくれた県民の皆さんもたくさんいらっしゃる。こういう事を目の当たりにすると、名護市は、あるいは名護市長は絶対に孤立しているということではないんだと、こんなにたくさんの人に支えられているんだということを、（拍手）——ありがとうございます、本当にそう思います。帰ってきたときには、ナダグルグルー（涙で目が潤む）するぐらい感激をいたしました。

今日お集まりの皆さん、この東アジア共同体研究所がこれから中心となって、沖縄が真ん中になるような研究をこれからも進めていくということでございますので、先ほど鳩山先生がおっしゃったように、戦略上の要石じゃなくて友好の、平和の要石であるべき沖縄をつくりあげていくためにも、やっぱり沖縄に基地は似合わない。ぜひこれからも、皆さんの力強い応援をお願いしたいと思っております。皆さん、共に頑張りましょう（拍手・指笛）。

第4章　安倍政権下で何が起こっているのか

高野 孟

研究所の理事の一員として、この琉球・沖縄センターの設立のために色々準備にあたってまいりました。今日は私に与えられた時間も大変短いので、手短に、なぜこの時期に東アジア共同体構想かということを、安倍政治の動向との関連で、いくつかのポイントに絞ってお話したいと思います。

安倍政権の「新・富国強兵」

浜矩子《のりこ》という同志社大学の先生はなかなかのコピーライターでして、状況をバシッと一つの言葉で言い当てるということが得意ですけれども、先日テレビで安倍政権の政策というのは要するに「新・富国強兵」だと言っておられました。その通りです。富国というのは、アベノミクスで見せかけの成長を無理矢理作り出していこうということですが、本当にいま日本に必要なのは成熟ということであるはずです。その事柄の理解が全く安倍さんにはない、ということであろうと思います。

強兵というのは言うまでもなく改憲、あるいは解釈改憲による集団的自衛権の解禁で、一言で言えば戦争のできる国にしたいということでしょう。それも限定容認とか言って、ちょっとだけ戦争してもいいかと国民にお願いしているという、おかしな政権になってしまいました。これに対する究極的な対抗戦略は、経済と外交安保政策の両面で、東アジア共同体構想をより高く掲げることではないかと私は思っています。

強兵という側面から申しますと、安倍政権にとって、毛沢東風に言えば「主要矛盾」とは何かというと、親米保守と反米愛国の間の矛盾ということになろうかと思います。安倍の本音、本質はやはり愛国主義、それも非常に歪んだものです。欧米ではこれを歴史修正主義者=リビジョニストという言い方をします。歴史を歪めて修正しようとする偏狭な愛国主義者、というニュアンスが含まれている言葉です。

安倍首相を突き動かす、おじいさんコンプレックス

その安倍さんを突き動かしているのは、専らおじいさん、岸信介へのコンプレックスだと思います。あの人の口から、お父さん、安倍晋太郎元外相の話は一切出てこない。こんな飛ばし方もひどいんじゃないか、もうちょっとバランスを取ってもいいんじゃないかと思うくらい、ひたすらおじいさんに傾いていく。結局、安倍さんの歴史観・国家観はそこに行き着いていくんじゃないか。満州国を作ったのは岸信介です。あれが中国侵略なんかであったはずはないと、安倍さんは思っているんでしょう。そしておじいさんは、東条内閣の一員として大東亜戦争を戦いました。あれが尊い戦争でない訳がないじゃないかと、安倍さんは思っているのでしょう。そしてまたおじいさんを戦後ＧＨＱが極東裁判にかけようとして、三年間巣鴨プリズンに放り込みましたけれども、幸いにＣＩＡとの妥協が成立したのかどうか、裁判にはかけられなかった。しかしおじいさんを危うく戦犯で絞首刑にしようとした極東裁判なんて間違っていると思っているに違いないのです。

極東裁判と日本国憲法はワンセット

言うまでもなく極東裁判と日本国憲法というのは裏表の関係です。日本国憲法の第一章はなぜ「天皇」であって、第二章が「戦争放棄」なのか、その間に極東裁判という見えない憲法条項があるから

なんですね。天皇の戦争責任の問題は問わないことを前提として、第一章「天皇」が成立し、その後に極東裁判云々が書かれているわけではありませんが、だからこの天皇の存在を礎として日本を二度と戦争のできない国にするんだという緊密な文脈で、第二章「戦争の放棄」に連結しているわけです。極東裁判は一九四六年の五月三日に始まって半年で終わり、同時に憲法が発布されて翌年四七年の五月三日に施行された。五月三日というのはそういう仕組まれた日付で、その意味でも憲法と極東裁判はワンセットなんですね。

しかし安倍さんは、そういう憲法の基本的な成り立ちを全く理解していないから、極東裁判を否定すると憲法を否定することになるということが分からないんですね。極東裁判を否定しないと、おじいさんのあの戦争も中国侵略も満州国も正しかったことにはならない。そう安倍さんは考えていて、その延長でもって「正しい戦争だったんだから、慰安婦の強制連行なんかあるわけないじゃないか」ということになっていく。結局それが靖国参拝へのこだわりというところに集約されていく。中国は「A級戦犯が合祀されている靖国神社に日本の政治指導者が参拝するのは止めてくれ」ということだけを言っていて、靖国神社そのものもそこに参拝することも何ら問題にしていない。ところが極東裁判を否定する立場に立てば、ましておじいさんも危うく処刑されてここに祀られることになったはずだった安倍さんにしてみれば、「お参りして何が悪いんだ」ということになる。安倍さんの頭の中の構造はそうなっているのだろうと思います。その限りでは愛国自主の右翼としてある意味で筋が通っています。だけどそれならそれで、筋を通してもらわないと困るんで、極東裁判を暗黙の前提として成り立っている憲法をきっぱりと否定して自主憲法制定を真正面に掲げなければおかしい。

ところが、そこで突然、集団的自衛権になってしまう。なんでアメリカに頼るのか、愛国自主のはずじゃないか、だったらそれを貫いて自主防衛を主張したらいいじゃないかと思います。ＴＰＰでもなんであんなにアメリカに妥協しようとするのか、日本の国益を貫いたらいいじゃないか。それをやれば本物の愛国主義者だと思いますけれども、やっぱり偽物といいますか半端な愛国者であって、頃合いのところではアメリカに擦り寄ってしまう。集団的自衛権というのは要するにアメリカの傭兵として海外武力行使を出来るようにしようということですから、それを何とか達成するために閣議決定ですり抜けて改憲からは逃げる。喜ぶのはアメリカの冷戦的守旧派で怒るのは日本の本物の右翼です。

サンフランシスコ平和条約の本質は占領の継続である

この辺の矛盾が今、安倍政治において露呈していると思います。その象徴が、サンフランシスコ平和条約が発効してちょうど六二年目の去年の4・28でした。安倍さんはこれを主権回復の日としてお祝いしようということから出発したわけですけれども、もちろんみなさんはご存知の通りですが、沖縄・奄美・小笠原にとっては日本から切り離された「屈辱の日」だということを知らなかったのか忘れていたのか、よくわかりません。あの人の教養の程度が、どのくらいなのかわかりませんから。だけど、うっかりしていたのは事実で、後になって気がついて、高良倉吉沖縄県副知事を一番上席において式典をやったわけですけれども、もう取り返しがつきませんでした。

さらに、そもそも4・28が沖縄にとって屈辱の日となったのは何故かと言うと、進藤榮一先生が世の中に問うて下さった「天皇メッセージ」問題ということがあるからです。要するに天皇は、日本は無防備だから独立後もアメリカに守っていただきたい、そのために沖縄を差し出しますという提案をし、なおかつ、そのことはサンフランシスコ講和条約そのものには書き込まずに、別途の租借条約のようなものを作った方がいいというところまでマッカーサーに提案した。私は昭和天皇っていうのはすごい政治家だと思いますけど、実際その通りになって、サンフランシスコ講和体制の下での日米安保条約とその実体をなす日米行政協定、今日の日米地位協定という戦後日本の骨格が出来上がった。

すなわち4・28に起きたことの本質は、地位協定に表現された米軍による占領の実質的継続です。そのまま占領体制をむき出しにして独立を公言する訳にもいかないし、安保条約という包み紙だけではアメリカ一本やりになってしまう。さらに丁寧にサンフランシスコ講和条約という風呂敷で包んで見せたということであって、本質は占領の継続です。

天皇が抱く、沖縄への思い

ところが私が推測するに、昭和天皇は後になってずいぶん自分のしたことを悩んだと思います。それで最後まで沖縄に行きたいと思いながら果たせず、一九八七年の沖縄国体には周りの慎重論を振り切って行くと決めたのに病に倒れ、八八年の正月には「思はざる病となりぬ沖縄をたづねて果たさむつとめありしお」という歌を詠んで、そのまま一年後に亡くなった。それで国体には当時の皇太子、今の天皇が名代を務めたわけだから、今の天皇は昭和天皇のその気持ちを誰よりもよく理解し、それを受け継いでいる。今の天皇は、極めて強い思いを沖縄に寄せて、その後もしばしば沖縄を訪れ、その度に「沖縄県民の苦労を日本人全体で分かち合わなければならない」という趣旨の談話を発表し、さらには琉歌を独学で学んで詠んで毎年発表している。琉歌を詠むヤマトゥンチューというのは、僕は聞いたことがない。そこまで思い入れるのは何かというと、昭和天皇の贖罪を引き受けているんだと思います。

沖縄に対してそういう思いを抱いている天皇を、「主権回復・国際社会復帰を記念する式典」に呼んだこと自体が安倍さんの無教養ゆえの無神経の表れだった。どういう気持ちで来られたか。普通だったら嫌だと言うと思いますよ。だけど、憲法上そういうわけにはいかないから行った。たぶん事前にすり合わせて断ったんだと思いますが、式辞はなしでした。それでようやく終わって帰ろうとした時に、自民党議員だと言われておりますけれど、会場から「天皇陛下万歳」という声が上がって、安倍さんら居並ぶ閣僚その他はあわてて万歳した人もいればしない人もいたという、失礼極まりない光景が現出してめちゃくちゃな幕切れとなった。安倍首相の思想的な混乱と歴史認識の欠如を露呈するためのイベントとなり終わったわけです。

親米保守と反米愛国の矛盾相克

この混乱は、本来は反米愛国なのに親米保守のふりをしようとする安倍さんの無理が、いよいよ破たんをしたということじゃないか。もともとこの親米保守と反米愛国の矛盾相克は、それこそ孫崎先生の『戦後史の正体』（創元社、二〇一二年）の中心テーマですけれども、それが自民党において成り立っていたのは、反共というイデオロギー、大義が接着剤になって、その矛盾はあんまり詰めないで一緒にやっていこうよ、ということで成り立ってきたんだろうと思います。冷戦が終わって反共という接着剤がなくなり、本当はそこで自民党は、そういう親米保守と反米愛国の曖昧な相乗り状態を解消をして、分裂するか、別のアイデンティティーを求めるかしなければならなかった。けれども、それをせずに、どういう風に処理したかと言うと、今までのソ連あるいは共産主義陣営の侵略の恐怖という話を、北朝鮮がミサイルを撃つぞ、中国は海軍力を増強するぞと誇大に言い立てて、旧ソ連の脅威と変わらない脅威が差し迫っているかの幻想を振り撒くことで相乗り期間を延長したのです。私は当時からこれを「脅威の横滑り」と呼んでインチキだと言ってきましたが。

旧ソ連の脅威というのは確かに存在した。冷戦対決の中では、ソ連極東には最強の機甲師団が二つあって、それが海を渡って北海道に着上陸侵攻してくれれば、陸上自衛隊は戦車を千台だか並べて原野で迎え撃ち、後からは、三沢基地から戦術核兵器を積んで米軍機が爆撃をし、三日も持ちこたえていれば沖縄の海兵隊が大挙来援するといったシナリオになっていた。でも、これはいざとなったらそうなることもあるという話で、実は潜在的脅威だったわけです。

これはレーガン・中曽根時代に「新冷戦」と言われ、週刊誌が毎週のように「ある日突然札幌のあなたの庭先にソ連の戦車が！」みたいな荒唐無稽な記事を書いて煽り立てて、そのため私の知っている稚内の青年が青森の娘さんとせっかく婚約がまとまったんだけれど、娘さんの親が「稚内はソ連に近いからやめろ」と反対して破談になったとか、笑えない話もあった。その頃に、私は北海道で陸自の北部方面の幹部に、週刊誌は毎週こんなに書いてますけどどうなんですかと訊ねた。すると「高野さん、戦車は自分で海を渡れないんですよ」と答えるんですね（会場笑）。はあ？　と言ったら、「ソ連の極東の港には輸送船がないんですよ。輸送船が集まり始めたら、わしらはただちに戦闘準備を始めます」と。「そういうのを潜在的脅威というんですか」「その通りです。マスコミは潜在的脅威とそれが現実的脅威に転化するということの区別も知らずに、今にも戦争になるかのようなことを言って人々を脅かしているだけです」と言っていました。

反共イデオロギーの代替物

それで、冷戦が終わって北海道に重点配備されていた陸上自衛隊がほとんど要らなくなってしまった。野田総理の時の防衛大臣、森本敏さんとは長年のお付き合いで、大臣になる遙か前に「南西諸島防衛って何よ。陸上自衛隊を島ごとに一〇〇人とか置いてくわけ？　そんなシナリオってどこから出てくるの」と率直に訊いたことがある。森本さんは頭を掻いて、「北海道の陸上自衛隊がやることないんだよ」と。「えっ、失業対策なの？」というばかげた話です。

中国が島の一個や二個とってどうするんですか。漁民に変装した特殊部隊が上陸するとかなんとか、架空の話を膨らませて脅威を横滑りさせて、ほら北朝鮮が強いぞ、ほら中国は怖いぞ、尖閣が危ないぞ、だから米軍基地はそのままでいいし、自衛隊はむしろ増強するんだということでやってきました。自民党はそれをまた、今までの反共イデオロギーの代替物としてフル活用して親米と反米の矛盾を露呈せずに体面を保ってきた。私はいよいよ安倍政権に至ってそれが限界にきたのだと思います。

集団的自衛権の説明矛盾

そこで、戦争が出来る国にいよいよ踏み出していこうというのが、集団的自衛権の解禁です。先日の安保法制懇報告書を受けての安倍さんの説明で、最初に大きなパネルを出して、たぶん朝鮮半島有事を想定して、米艦が日本人避難民を乗せて朝鮮半島沖の公海上を航行中に攻撃を受けた時に日本艦がそれを助けられなくていいのか、と言うんですが、どうしてそこにアメリカの艦船がいるんですか。たまたま米艦船がいたとして、本当は軍艦を避難民救出には使わないんです。人をたくさん乗せるような造りになっていないし、軍艦だと攻撃の対象になるからかえって危ない。たまたまそれ一隻しかいないから使うことになったとして、在韓米国人は四万人いて在韓日本人は三万人ですが、どうして日本人なんか乗せてくれるんですか。それでも、なおたまたま日本人も何人か乗ってその艦船が日本海に出てきて、米第七艦隊を誰も擁護しないということは万に一つもありえない。艦隊防衛は海軍の基本中の基本ですから。もしそれがイギリスの軍艦かリベリアの貨物船かだったらどうするんですか。相手はアメリカじゃないから、集団的自衛権の対象にならないですよね。自国は攻撃されていないのに同盟国が攻撃された時に一緒に戦うのが集団的自衛権で、これは軍事同盟の要件ですから、日本の場合アメリカとの間でしか成り立ちません。他のどこかの国の船だったら集団的自衛権なんか効かない。その場合は個別的自衛権の拡大解釈が可能かどうかという別の問題になってしまう。

安倍さんや石破さんは「いや集団的自衛権はマレーシアともインドネシアともやるんだ」と言ってるけども、向こうはお断りですよね。集団的自衛権って完全に相互主義ですから、こちらが発動したら、日本がピンチの時に向こうは助けに来なくちゃならないわけでしょう。軍事同盟も防衛協約もないのに、そんなことを約束することはあり得ない。何を言ってるかわからないんですよ、この安保法制懇って。こんな子供騙しみたいな空想的なことを例に持ち出して、日本人を助けられなくていいのかという情緒的なお話でこれを押し通そうとしているわけです。

人道的措置、国連の集団安全保障

ちなみに言うとこの問題は、基本的には、在外自国民の救出保護という一般論に属する問題です。アメリカ・イギリス・フランス・イスラエルなどの軍事国家は、相手の国の許可も得ず武装した部隊を突っ込ませて人質を奪還するということを平気でやって、これを個別的自衛権の発動の範囲内として正当化しています。他の多くの国は、相手国の事前了解を得て、できるだけ非武装もしくは軽武装で、救出ポイントの警備は相手国がやってくれることをできるだけ期待して、輸送機だけ持って行く。この場合は自衛権は関係なく、相手国の了解を得た上での人道的措置という位置づけになる。日本も一応この部類に入っています。

この問題を小沢一郎さんと議論したことがあって、私の『沖縄に海兵隊はいらない!』(にんげん出版、二〇一二年)という本にそのやりとりを載せましたが、小沢さんは「邦人救出という考え方そのものに反対だ」と言います。なぜなら日本は一九二七年の山東出兵も、一九三二年の上海事変も、みんな邦人保護の名において派兵をした。自衛という名で侵略戦争をやってきたのは日本に限らず世界中そうなんですが、我が国も例外でない。だからそんなものは許してはいけないんだ、と。彼は、何国人であろうと困っている人がいれば国連でみんなで助けに行くのが原則であって、国連がやるなら日本は危ない目をいとわず一緒にやるということでなければならない、と。これを国連の集団安全保障と言います。

東アジア安全保障共同体

ここがポイントなんですね。時間がないので結論を急ぎますけど、国連および地域単位の集団安全保障というのは、集団的自衛権とは全く似て非なるものです。集団的自衛権は、すなわち軍事同盟の要件ですから、仮想敵がいて、それは安倍さんの中では中国です。中国に敵対する味方の国々だけをかき集めて、集団的防衛体制を取る。裏返せば中国包囲網を張る。それを以て中国に対して戦争するという時には集団的自衛権を発動する。それに対して集団安全保障というのは、国連か、もしくはそのアジア版としての「東アジア安全保障共同体」というものができて、東南アジアと北東アジアの域内に存在する全ての国が、予めラウンドテーブルについてできるだけ武力紛争に至らないように予防処置をとる、信頼醸成措置を積み重ねる、ホットライン制度を作る、そういうことを重ねていって、それでも域内からルールを破るものが出た場合には、その全体の名をもって共同対処するというのが集団的安全保障、あるいは協調的安全保障というものです。

ですから、もし東アジア安全保障共同体の形成が始まって、各国共同の対応ルールが決まっている、日常からの訓練もできているということがあれば、まぎらわしいことは何もなく、迅速に行動することができる。有事が起こってから日本が自衛隊をいかせてくれと言っても、アジアに断られるに決まってます。アジア共同警察軍のような枠組みがあれば、それに自衛隊が参加しても日の丸を掲げて日本の国益のために海外に出て行くわけではないので、「国権の行使としての戦争」には当たらないから「侵略」にはならない。国連旗か、東アジア共同警察軍の旗があればそれを掲げて、その構成員は日本人であろうと中国人であろうと臨時の国際公務員として、自国の国益を離れて、何国人であろうと区別も差別もせずに救出するのだから、なんら問題は起こりえないし、どこの国籍の軍艦であろうと民間船であろうと公海上で防護することも問題はない。

実はそれはいつになるかわからない遠い将来のことではなくて、例えばマラッカ海峡の海賊退治については、日本の海上保安庁がＡＳＥＡＮ諸国の多国間の共同対処作戦に協力していて大変評価が高い。災害救助も、起きてから各国がバラバラに救援に駆けつけるのでなく、普段から共同対処の枠組みがあって、その中で日本の陸自の一部を再編して世界一優秀な機動性のある災害救助部隊を用意しておいて、いつでも誰よりも真っ先に駆けつけるようにするとか、東アジア共同の災害救助の仕組みやルールを作ることに外交力を発揮すべきでしょう。

尖閣の問題も、やっぱりあの辺の漁業紛争の処理のルールということが必要になっているんだと思いますし、あるいは海底資源の調査掘削についてもルール化していく必要がある。そういうことの積み重ねが、東アジア安全保障共同体ということになると思います。存在するすべての国が、あらかじめ誰かを敵とするのではなく、丸テーブルに着いて普段から話し合うというところに主眼を置くのであり、これこそがあくまでも平和的解決という国連憲章の趣旨に合致していることです。

今後の日中関係

いま中国の防衛識別圏設定の問題をめぐって剣呑な状態が続いていて、一触即発であるかの報道が続いています。実は中国側は、これは毎日新聞が今年一月一日付の一面トップでスクープしましたが、二〇一〇年五月に北京で開かれた第三回日中安全保障問題研究会で当時まだ非公開だった中国側防衛識別圏の想定図を、防衛省職員を含む日本側出席者に見せて、「日中の識別圏が重なる部分については不測の事態を避けるためのルールづくりをしたい」と申し出たのに、日本側が拒否してしまった。紛争回避のための相互通報システム・危機管理システムを構築しないといけないという話は、中国側が持ちかけて日本側が蹴った。ならば勝手にやらせて貰いますというのが、今の「中国空軍機がまた異常接近」とか報じられている事態なのです。

こうして安倍さんは、何が何でも中国と戦争できるような国にしたい。そのための突破口としての集団的自衛権解禁なのですが、そこでまた親米と愛国の矛盾が深まるわけです。肝心のアメリカは中国と戦争するつもりなど全くない。五月二八日のオバマさんのウエストポイント陸軍士官学校の卒業式の演説を皆さんご覧になりましたか？「長かった戦争の季節を終わらせる時が来た」。これから巣立って職業軍人になろうという陸軍士官候補生を前にですよ。「わが国の評論家の中には、アメリカが弱腰に見られないようにするためには軍事力の行使しかないと言っている人がいるが、私は諸君をそんな理由で戦場に送らない」。すごい演説です。日本はいまどき遅れ馳せに戦争ができる国になろうとしているのに、オバマは、国内の冷戦的守旧派やネオコンの残党と闘いながらアメリカを戦争をしない国にしようとしている。そうすると、安倍さんが集団的自衛権で「日本もアメリカと一緒に戦います」とにじり寄ってくるのも何だかありがた迷惑だという以上に、どうもこれは愛国主義者の安倍が集団的自衛権による対米軍事協力を口実に、勝手に海外で軍事力を振るえる国になろうという策謀ではないかという疑心暗鬼が生まれてくる。これが結局、安倍さんが最終的にぶつかって脳震盪《のうしんとう》を起こす壁だと私は思います。

第5章　集団的自衛権の本当の狙い

孫崎　享

鳩山元首相は人物破壊のターゲットにされた

今日皆さんは、鳩山さんがどういう話をするだろうか、と思っておいでになったと思います。考えてみますと、鳩山元首相は最低でも県外ということを言われました。そして多分、鳩山さんが何を言うかなと思って来られた方も、話を聞いて、やっぱりあの人が首相であったらよかったなぁと思っておいでになるんじゃないかと（会場拍手）。ですけれど、社会一般はどうでしょう。私は先週糸数慶子さんに援助いただいて、読谷村《よみたんそん》でお話しました。その時も「皆さん鳩山さんを支持しますか」とこう聞くと、一〇〇％の支持ではないんですね。

皆さん「人物破壊」という言葉はご存知でしょうか。人物破壊っていうのは、これはオランダのジャーナリストのウォルフレンという人がよく使っている言葉ですけれども、ライバルだから、自分にとって厄介な人物だから、あるいは単に敵だからという理由で、狙いを定めた人物の世評を貶める不快で野蛮なやり方のことです。人殺しは凶悪犯罪であるが、人物像の破壊もまた、標的とされる人物が命を落とす事はなくても、その人物を世間から永遠に抹殺するという点では人殺しと変わらぬ、いわば殺人の代用の方式であると、こう書いているんですね（『人物破壊』角川文庫、二〇一二年）。その人物破壊の代表的な標的が鳩山さんだと思います。

日本に民主主義はあるのか

そして、代わって自民党政権が出ました。様々な見解があるかと思いますが、私は自民党政権になって、この国に民主主義はあるんだろうかと疑っています。民主主義というのは、基本は選挙民が投票をする、そして選挙民の気持ちを法律・行政に反映させる、こういう事なんですね。自民党は二〇一二年の衆議院選挙で何を約束したでしょう？　消費税はすべて社会保障に回すと言いました。しかし、日本の社会保障はどんどん今悪くなっています。今日ここにいらっしゃる方の多くは私と同じ年齢層ですけれども、年金も壊れそうになっている。ＴＰＰで多分日本の国民健康保険もなくなるような事態になるかもしれない。原発のない社会を目指す、ＴＰＰは反対をする――私たちが重要だと思うものと、みんな逆のことをしているんですよね。そういう国が果たして民主主義という事を言えるんでしょうか。

集団的自衛権と天皇発言

その代表的な例が今度の集団的自衛権じゃないでしょうか。どれくらいご存知かちょっとよくわかりませんけれども、東京ではほとんど知られていないんです。沖縄では、琉球新報と沖縄タイムスという立派な新聞がありますから、かなりご存知の方がいるんですけれども、五月八日ニューヨークタイムズが「安倍首相は今集団的自衛権をやろうとしている、しかしそれをやるためには憲法を変えなければいけない。しかしその憲法を変える手続きをとらないで解釈改憲をやるということは、民主主義という過程を壊すものだ、日本は真の民主主義の危機にある」ということを書いているんですね。実は、日本はいま民主主義の危機にあると言っているのは、ニューヨークタイムズだけじゃありません。

去年二〇一三年の一二月二三日に、天皇陛下が八〇歳の誕生日を迎えられました。そしてそこでお言葉を述べられたわけですけれども、このようにおっしゃってます。「戦後連合国軍の占領下にあった日本は、平和と民主主義を守るべき大切なものとして日本国憲法を作り、様々な改革を行って今日の日本を築きました。戦争で荒廃した国土を立て直し、かつ改善して行くために、当時のわが国の人々の払った努力に対し、深い感謝の気持ちを抱いています」。平和と民主主義を守るべき大切なものとして、日本国憲法を作った、ということを言われたんですね。これ東京あたりでこのセリフをどれくらい知っていますかと聞くと、ほとんどの人は知らないんですよ。

この発言は必ずしも新聞が報道しているわけじゃない。ＮＨＫニュース・ＮＨＫのニュース資料では、この「平和と民主主義を守るべき大切なものとして日本国憲法を作った」というところを省いています。外国の報道機関はここをわざわざ取り上げて、天皇陛下はそう言われたと報道しました。気が付かないで報道しなかったんでしょうか。そうじゃない。気が付いたから報道しなかったんですよね。今の政権が平和を、そして民主主義を壊す可能性があるという危機感から出てきたセリフなんです。

低下する報道の自由

国境なき記者団というのがあります。世界でいろんな報道、例えばイランやロシアで記者が拘束されたり、言論弾圧だというときに抗議をする。アメリカとかフランスとか、それからユネスコとかがお金を出している。そういう西側のひとつの機関みたいなところなんですけれども、これが報道の自由度がどれくらいあるかというランキングを毎年発表しています。日本は世界のＧＤＰで言えばアメリカ・中国について三番目、そしてG8先進国首脳会議でも主力メンバーです。しかしその日本が去年二〇一三年の報道の自由度では、世界で五九番目なんです。その理由は二つ、特定秘密保護法と原発問題です。原発問題では正しいことが報道されない。そして今正しいことを言う人たちへの圧力というのが、日々強まってきていると思います。漫画の『美味しんぼ』で双葉町の元町長さんが自分は被曝して鼻血が出るということをおっしゃった。これに対しての弾圧が出てきて、安倍首相はこういうような原発の正しい報道をやるために断固とした措置をとるということを言いましたし、もっと危険なのは経済産業大臣が「間違っていることも報じることが言論の自由でしょうか」と言い始めた。元町長さんは当事者ですよ。当事者が「これは原発の影響でないか」ということを考えていて、さらにチェルノブイリ原発事故においては避難民がかなりの程度鼻血を出すという現象が出ているんですよ。そのような問題点を指摘することに対して「間違った情報を伝えるということも言論の自由でしょうか」と言う、そういう国になってきました。

法治国家の根幹を揺るがす集団的自衛権

今、集団的自衛権というのが推進されようとしています。五月二八日に国民安保法制化懇というのが立ち上がりました。一二名位のメンバーですが、その中に二人、内閣法制局長官だった人が入っています。大森政輔・元内閣法制局長官、それから阪田雅裕・元内閣法制局長長官です。普通政府に対しての反対運動というのは、政府と一線を画しています。憲法九条の改正とか色々なものがありますけれども、どちらかというと市民団体。阪田さんも自分でおっしゃっています。「自分はこれまで護憲運動をやってきたわけじゃない。だけど今の動きはおかしい」。阪田さんは次のようなこともおっしゃいました。「憲法九条の解釈は六〇年にわたって政府自らが言い続け、国会でも議論を積み重ねてきた。国民にもそれなりに定着している。一政権の手で軽々に変更することは立憲主義の否定であり、法治国家の根幹を揺るがすものだ」。法制局というのは基本的に政府を支える機関です。それの一番トップであった人が、「(集団的自衛権は)今、法治国家の根幹を揺るがすものだ」と言うような状況になっています。

報道されなかったオバマ発言

この時に使われるセリフは「東アジアの安全保障は厳しくなる。だからこの東アジアで、中国の対応等を見ると、アメリカに頼らなければいけない」というものです。それで読谷村《よみたんそん》でも申し上げたんですけれども、この間オバマ大統領が日本に来て、安倍さんと話をしたときに四つのポイントを言いました。四つのポイント。一つは安保。尖閣諸島は日本の施政下にあり、安保条約の対象になる。これは新聞で報じました。あと三つ言っているんです。あと三つご存知の方っていうのはあんまりおいでにならない。なぜならば新聞が報道しなかったからです。

二つ目は、尖閣諸島の領有権問題については日本側の立場もとらないし中国側の立場もとらないと言っているんですね。これは一九七一年からずっと言っていることです。それだけじゃなくって、オバマ大統領は、あの岩礁(笑)の帰属権問題については昔から決まっている、と言ったんです。尖閣諸島を日本が絶対に守らないといけないという感じはないんですよ。

三番目に言われたのが安倍首相に対して「平和的な解決をしろ、お互いに論争を高めるようなことをするな」。これを一番強調したんですね。だから本当は新聞の見出しは「オバマ大統領は安倍さんに対して協調しろ、そしてお互い非難することを避けろと強調した」という見出しにならなきゃいけない。それが、全然逆なんです。残念ながら日本のマスコミは、安倍首相が望む事しか報道しない。このような状況になってきたんじゃないかと思います。

尖閣に棚上げ合意はあった

今集団的自衛権を考えるすべての問題の根幹は、中国の脅威にどう対応するかということに尽きるんですね。会場の皆さんにお聞きしますが、中国と日本の間に尖閣諸島については棚上げにするという合意はあったでしょうか、なかったでしょうか。合意があったと思う人は手をあげてください（大勢が手を挙げる）。ああ、すごいですね。では、ないという人、手をあげてください（挙手はまばら）。はい、ここは東京とは全く違いますね（笑）。合意があったんですよね。これは外務省事務次官であり、駐米大使、そして日中国交回復の時の条約課長だった栗山さんが尖閣諸島の合意はあった、と言っています。

そこで、一九七九年五月三一日のとある新聞の社説を読みます。「尖閣諸島の領有権問題は一九七二年の時も昨年夏の日中平和友好条約の調印の際にも問題になったが、いわゆる『触れないでおこう』方式で処理されてきた。つまり日中双方とも領土主権を主張し、現実に論争が存在することを認めながらこの問題を留保し、将来の解決に待つことで、日中政府間の了解がついた。それは共同声明や条約上の文書にはなっていないが、政府対政府のれっきとした約束事であるのは間違いない。約束した以上はこれを遵守するのが筋道である。尖閣諸島問題に関しては慎重に対処し、決して紛争の種にしてはいけない」。これは、読売新聞なんです、ね。一九七九年に読売新聞が棚上げ合意をしていきましょうと書いていた。それが、今どれくらいの日本の政治家がそれを言っているでしょう。それを言うとどうなるでしょう——鳩山さんのようになるのです（会場笑）。ね、本当に、正しい事を言えない時代に入ってきた。

危機に瀕する、日本の民主主義

私は、『小説外務省』（現代書館、二〇一四年）という本の中で、次のようなことを書いたんです。皆さんの中で、「少年H」という映画をご覧になられた方がだいぶおいでになると思いますけど、「少年H」の宣伝文は次の文でした。「軍事統制も厳しさを増し、おかしいことを『おかしい』と、自由な発言をしづらい時代となっていく中、（お父さんの）盛夫は、周囲に翻弄されることなく、『おかしい』『なんで?』と聞くHに、しっかりと現実を見ることを教え育てる」。おかしい事をおかしいと言えない日本の社会になっています。そして映画監督の宮崎駿監督は引退宣言で、「世界がギシギシ音を立てて変化している時代に、今までと同じファンタジーを作り続けるのは無理がある」ということを言った。さらに原発再稼働に反対した新潟県の泉田裕彦知事は、あるインタビューで、「もし僕が自殺なんてことになったら、絶対に違うので調べて下さい」といった。そんな時代なんです。恐ろしい時代が、今来ていると思います。

糸数慶子先生といえば沖縄県選出の参議院議員ですよね。こないだちょっとお話をさせていただいたら、日本のある場所で講演をした時に危ないからといって警護の人が付いたという。そんな酷い状況に、今日本はなりつつあるんです。日本の民主主義の危機だと思います。その中で私たちがやらなければならない事は、事実をしっかり見極めていくことだと思います。

「最低でも県外」は無理なのか？

尖閣問題、私はこの『小説外務省』というものを書いた時の一つの動機は、二〇一〇年の沖縄知事選挙、伊波洋一さんの事が頭にあったんです。少し考えてみますと、鳩山さんは最低でも（普天間の移設は）県外ということで、結局首相の座を追われる形になりました。二〇〇九年の九月の段階で、外務大臣も防衛大臣も最低でも県外ということを言わなくなりました。外務省の人間も防衛省の人間も。たぶん官房長官も、ほとんどの人が九月ぐらいに止めたんですよ。多くの人は豹変したということを言われますけれども、九月にはみんなアメリカの圧力で豹変している。九月から五月にかけての九ヵ月間、鳩山さんは、ほぼひとりで戦っていたんだと思います。そして、「最低でも県外移設」ということがおかしい事だったかどうかを考える必要があると思います。

米軍の基地は日本だけでなくて、ドイツもそれからイタリアも持っています。ドイツとアメリカの間には、ドイツ駐留NATO地位協定補足協定があります。地位補足協定。ここで返還についてどういうことを書いているかというと、共同防衛の任務の重要性とドイツ側の利益とを比較して、ドイツ側の利益が大きいときには、基地の返還請求ができると書いてあるんです。そしてじゃあ、ドイツ側の利益っていうのは何があるかと言うと、国道整備・都市計画・自然保護・農業、そういうようなものです。基地が返還された時の利益と、基地を置いていくものの比較において、変換した後の利益の方が大きい時は、当然基地の返還要求をすることができると、アメリカとドイツの間で書いている。もちろん日本の地位協定にはそれはありません。しかし米国とドイツがそのような同盟国の関係にあるならば、当然日本もドイツやイタリアのような同盟国なんだから、同じような原則でやっていくということが言えると思います。それを言ったらどうなりました？「日米関係を壊す」。ドイツの人たちが自分たちの基地返還要求をした時に、「アメリカとドイツ関係がおかしくなるからやめろ」と言う声があったでしょうか？ 私は今日本は、ものすごくおかしい状況になっていると思います。

合意で回避していた中国との衝突

一九七二年の沖縄返還の時には、日中の間で、協定なり合意なりでおかしい事態を作らない状況ができていた。日本は尖閣諸島を俺のものと言っている。中国も俺のものと言っている。両方とも俺のもの、俺のものという事を言い続けたら衝突が起こるに間違いない。だからこれを棚上げにしましょうとこう言っていたんです。それは周恩来の英知だったと思います。だけど実はこれだけではなくてさらに合意があったんです。それは日中漁業協定。日中漁業協定は尖閣諸島も対象になっています。一九九七年に改定して二〇〇〇年に発効した日中漁業協定は、北緯二七度以南の地域も含むと書いてあるんです。どういうことか。それは相手の国が違反したら自分の方でそれを捕まえに行くんではなくて、やめなさい、ここから立ち退きなさい、そして後で、日中で必要なら外交で交渉するという事だったんです。

さらに一九九七年にその時の小渕首相が、中国の大使に対して日本の国内法を尖閣諸島周辺では使わないという内容の書簡を発出しています。どういう事かというと、日本の漁業法というのは、中国の船が日本の領海に入ってきたら拿捕するということなんですね。これが二〇一〇年の衝突です。日中漁業協定があり、そして日本が約束していたものであったら、このような事態は起こっていないという事なんです。

利用される反中感情

じゃあ何でやったんでしょう。私は多分、緊張を作ることを望ましいと言う人たちがいたんだと思います。考えてみてください。最低でも県外ということを言ったから、首相を外したんです。いいですね。じゃあ、沖縄の知事選挙で普天間基地のグアム移設を主張する伊波洋一さんが勝ったらどうなります？　もっと圧力がひどくなる。それと多分関連してるんじゃないかと思います。あんまり根拠のないことを喋るなと言われると思います。だけど、根拠らしきものはあるんです。沖縄で有名なのは元沖縄総領事のケビン・メアさんです。メアさんは『文藝春秋』二〇一二年一〇月号、「アメリカとカナダの教訓」の中で、以下のように述べています。「制空権をとるために、F‐35戦闘機の調達計画を加速、拡大してイージス艦を増やし、先島諸島に自衛隊駐屯地をつくって、海上保安庁の偵察能力を向上することです。……尖閣について、日本は何も遠慮する必要はないのです」。F‐35を買え、イージス艦を買え、と言っています。つまり尖閣諸島の緊張が、F‐35や、イージス艦を売るのに都合がいいということなんです。この問題は、いくつかの出発点があって、その一つは石原前知事は東京都で尖閣を買い上げるということをヘリテージ財団で明言しました。二〇一二年一一月一四日には、ヘリテージ財団のレポートで、アジア部長に相当する人が、「自民党が勝利し、安倍首相が次の首相になる可能性がある。安倍首相の保守的な考え方と中国に対する日本の民衆の増大しつつある懸念は、ワシントンが日本にやらせたい事を行わせる絶好の機会だ。安倍さんが出てきたことと、日中の間で日本の人たちが中国に反発をしている。これを利用したら、われわれは次のことができる」と書いているんです。中国に反発しているのは尖閣問題が原因ですね。第一に同盟国アメリカの安全保障上の必要に見合うように、防衛費を増大させる。F-35を買いイージス艦を買い、オスプレイを日本に買わせる。二番目に集団的自衛権で、柔軟な解釈をさせる。三番目に普天間の辺野古移転を推進させる。みんな関連しているんです。

尖閣諸島の緊張を高めることによって、この三つを推進させる。残念ながら米国のある一部の人と日本の政治家は一緒になって動いていると思います。

できる範囲の中で発言を

今日本は、本当に民主主義の危機にあると思います。一人ひとりがこれからも今まで以上に自分のできる範囲の中で発言を強めていく必要があると思っています。私が、二、三年前に東京の明治大学で普天間問題について講演をやったときなんですが、その時に沖縄の七〇歳くらいの人が出てこられました。彼は「私は、これからも普天間問題で頑張る。座り込みをする。ひょっとすると、警察に捕まって監獄にぶち込まれるかもしれない。しかし、そこへ行ってコレステロールを下げて帰ってこよう」と言っていたことを紹介して終わりにします。

東アジア共同体研究所
設立趣意

鳩山政権は、「東アジア共同体の創造」を新たなアジアの経済秩序と協調の枠組み作りに資する構想として、国家目標の柱の一つに掲げました。東アジア共同体構想の思想的源流をたどれば、「友愛」思想に行き着きます。「友愛」とは自分の自由と自分の人格の尊厳を尊重すると同時に、他人の自由と他人の人格の尊厳をも尊重する考え方のことで、「自立と共生」の思想と言ってもいいでしょう。そして今こそ国と国との関係においても友愛精神を基調とするべきです。なぜなら、「対立」ではなく「協調」こそが社会発展の原動力と考えるからです。欧州においては、悲惨な二度の大戦を経て、それまで憎みあっていた独仏両国は、石炭や鉄鋼の共同管理をはじめとした協力を積み重ね、さらに国民相互間の交流を深めた結果、事実上の不戦共同体が成立したのです。独仏を中心にした動きは紆余曲折を経ながらその後も続き、今日のＥＵへと連なりました。この欧州での和解と協力の経験こそが、私の構想の原型になっています。

すなわち、私の東アジア共同体構想は、「開かれた地域協力」の原則に基づきながら、関係国が様々な分野で協力を進めることにより、この地域に機能的な共同体の網を幾重にも張りめぐらせよう、という考え方です。

東アジア共同体への夢を将来につなぎ、少しでも世界と日本の在り様をあるべき姿に近づけるための行動と発信を内外で続けていくことを、今後の自身の活動の中心に据えるために、東アジア共同体研究所を設立致し、世界友愛フォーラムを運営していきます。

平成二五年三月一五日
理事長：鳩山友紀夫

“Every great historical happening began as a utopia and ended as a reality.”

（すべての偉大な歴史的出来事は、ユートピアとして始まり、現実として終わった。）

汎ヨーロッパを唱えたクーデンホフ・カレルギーの言葉です。

今、東アジアに友愛に基づいて協力の舞台を創ることを夢とも思わない人びとがこの国に増えています。

だからこそ、その必要性を説き、行動で示していかなければなりません。

ユートピアの実現という確信の下に。

東アジア共同体研究所とは

友愛の理念に基づく世界平和の実現を究極の目的とする。その目的を達成する手段として、東アジア共同体を構想し、その促進のために必要な外交、安全保障、経済、文化、学術、環境など、あらゆる分野における諸国・諸地域間の協働の方策の研究と環境条件の整備を行う。

一般財団法人東アジア共同体研究所
〒100-0014　東京都千代田区永田町２－９－６
◆ホームページ　　http://www.eaci.or.jp
◆公式ニコニコチャンネル（友紀夫・享・大二郎・孟のＵＩチャンネル）
http://ch.nicovideo.jp/eaci

著者略歴

鳩山友紀夫（由紀夫）（はとやま・ゆきお）

1947年東京生まれ。東京大学工学部計数工学科卒業、スタンフォード大学工学部博士課程修了。東京工業大学経営工学科助手、専修大学経営学部助教授。

1986年、総選挙で、旧北海道4区（現9区）から出馬、初当選。1993年、自民党を離党、新党さきがけ結党に参加。細川内閣で官房副長官。1996年、鳩山邦夫氏らとともに民主党を結党し、菅直人氏ともに代表就任。1998年、旧民主党、民政党、新党友愛、民主改革連合の4党により（新）民主党を立ち上げ、幹事長代理。1999年、民主党代表。2005年、民主党幹事長。2009年、民主党代表。

第45回衆議院議員選挙後、民主党政権初の第93代内閣総理大臣に就任。

2013年3月、一般財団法人東アジア共同体研究所を設立、理事長に就任。

著書　『「対米従属」という宿痾』（飛鳥新社）、『新憲法試案―尊厳ある日本を創る』（PHP研究所）等多数

進藤榮一（しんどう・えいいち）
1939年北海道帯広市生まれ。帯広柏葉高校を経て、京都大学法学部卒業。京大大学院法学研究科修士課程、同博士課程修了。法学博士。専門はアメリカ外交、国際公共政策。鹿児島大学法文学部助教授、筑波大学社会科学系助教授、同教授、江戸川大学社会学部教授、早稲田大学アジア研究機構客員教授、ハーバード大学、プリンストン大学、オックスフォード大学の研究員などを歴任。現在、筑波大学名誉教授、国際アジア共同体学会会長、東アジア共同体評議会副議長、国連NGO／DEVNET東京・理事、一般社団法人アジア連合大学院機構理事長。
著書　『東アジア共同体をどうつくるか』（ちくま新書）、『国際公共政策―「新しい社会」へ』（国際公共政策叢書）、『東アジア共同体と日本の戦略』、『アジア力の世紀』（岩波新書）等多数

稲嶺進（いなみね・すすむ）

1945年沖縄県名護市生まれ。1971年琉球大学法文学部卒業後、沖縄県名護市役所入庁。

その後、名護市総務部長、収入役、教育長を経て、2005年に名護市教育長に就任。

2008年まで同市教育長を務め、2008年に退任。

2010年1月の名護市長選挙に「普天間飛行場県内移設反対」を公約に掲げて出馬し、初当選。

2014年の同市長選挙でも再選し、現在2期目。

高野孟（たかの・はじめ）
1944年東京生まれ。1968年早稲田大学文学部西洋哲学科卒業後、通信社、広告会社に勤務。
1975年からフリージャーナリストになると同時に情報誌『インサイダー』の創刊に参加、1980年に㈱インサイダーを設立し、代表兼編集長に。1994年に㈱ウェブキャスターを設立、日本初のインターネット によるオンライン週刊誌『東京万華鏡』を創刊。
2008年9月にブログサイト『THE JOURNAL』を創設。現在は「まぐまぐ！」から『高野孟のTHE JOURNAL』を発信中。(http://www.mag2.com/m/0001353170.html)
2002年に早稲田大学客員教授に就任、「大隈塾」を担当。2007年にサイバー大学客員教授も兼任。
2013年3月、一般財団法人東アジア共同体研究所、理事・主席研究員に就任。
著書　『アウト・オブ・コントロール―福島原発事故のあまりに苛酷な現実』（花伝社）、『原発ゼロ社会への道筋』（書肆パンセ）、『沖縄に海兵隊はいらない』（モナド新書）等多数

孫崎享（まごさき・うける）

1943年旧満州国鞍山生まれ。1966年東京大学法学部中退、外務省入省。英国、ソ連、米国（ハーバード大学国際問題研究所研究員）、イラク、カナダ勤務を経て、駐ウズベキスタン大使、国際情報局長、駐イラン大使を歴任。2002～2009年まで防衛大学校教授（公共政策学科長、人文社会学群長）を経て、2009年に退官。

2012年7月に上梓した『戦後史の正体』（創元社）が話題になり20万部超のベストセラーに。

ツイッター（@magosaki_ukeru）では約7万人を超えるフォロワーを持つ。

2013年3月、一般財団法人東アジア共同体研究所、理事・所長に就任。

著書　『小説外務省―尖閣問題の正体』（現代書館）、『戦後史の正体』（創元社）、『日米同盟の正体』（講談社現代新書）、『日本の国境問題』、『これから世界はどうなるか』（以上、ちくま新書）、『日本の「情報と外交」』（PHP新書）、『独立の思考』（角川学芸出版）等多数

東アジア共同体と沖縄の未来

（友愛ブックレット）

2014年10月6日　　初版第1刷発行

編者 ――― 東アジア共同体研究所
著者 ――― 鳩山友紀夫、進藤榮一、稲嶺進、孫崎享、高野孟
発行者 ―― 平田　勝
発行 ――― 花伝社
発売 ――― 共栄書房
〒101-0065　東京都千代田区西神田2-5-11出版輸送ビル2F
電話　03-3263-3813
FAX　03-3239-8272
E-mail　kadensha@muf.biglobe.ne.jp
URL　http://kadensha.net
振替 ――― 00140-6-59661
装幀 ――― 黒瀬章夫（ナカグログラフ）
印刷・製本― 中央精版印刷株式会社

ISBN 978-4-7634-0714-6 C0036